FREMDSPRACHENTEXTE · RUSSISCH

Николай Гоголь

Ревизор

Nikolaj Gogol'

Der Revisor

Herausgegeben von
Gundela und Rainer Berthelmann

Philipp Reclam jun. Stuttgart

RECLAMS UNIVERSAL-BIBLIOTHEK Nr. 19836

Gesamtherstellung: Reclam, Ditzingen
Printed in Germany 2012
RECLAM, UNIVERSAL-BIBLIOTHEK und
RECLAMS UNIVERSAL-BIBLIOTHEK sind eingetragene Marken
der Philipp Reclam jun. GmbH & Co. KG, Stuttgart
ISBN 978-3-15-019836-0

www.reclam.de

Ревизор

Комедия в пяти действиях

На зеркало неча пенять, коли рожа крива.
Народная пословица

1 **ревизóр:** Revisor; Inspektor. Das Wort drang bereits unter Peter I. aus dem Deutschen über das Polnische ins Russische ein, war aber außer in aristokratischen Kreisen kaum bekannt.

3 **На зéркало нéча пеня́ть, кóли рóжа кривá:** (Sprichwort) Den Spiegel schelte nicht, wes Fratze hässlich ist.

Действующие лица

Антон Антонович Сквозник-Дмухановский, *городничий*

Анна Андреевна, *жена его*

Марья Антоновна, *дочь его*

Лука Лукич Хлопов, *смотритель училищ*

Жена *его*

Аммос Федорович Ляпкин-Тяпкин, *судья*

Артемий Филиппович Земляника, *попечитель богоугодных заведений*

Иван Кузьмич Шпекин, *почтмейстер*

Петр Иванович Добчинский
Петр Иванович Бобчинский } *городские помещики*

Иван Александрович Хлестаков, *чиновник из Петербурга*

Осип, *слуга его*

Христиан Иванович Гибнер, *уездный лекарь*

Федор Андреевич Люлюков
Иван Лазаревич Растаковский
Степан Иванович Коробкин } *отставные чиновники, почетные лица в городе*

3 **городни́чий:** Stadtgouverneur, Stadthauptmann (городни́чиха: Frau des S.; городни́чество: Amt des S.).

6 **смотри́тель учи́лищ:** Schulaufseher, Schulinspektor (смотре́ние: Aufsicht).

9 f. **попечи́тель богоуго́дных заведе́ний:** Kurator der Armenanstalten (богоуго́дный: gottgefällig).

13 **поме́щик:** Gutsbesitzer.

16 **слуга́:** Diener.

17 **уе́здный ле́карь:** Kreisarzt (уе́зд: Kreis, Bezirk).

18 f. **отставно́й:** pensioniert, im Ruhestand, außer Dienst.

19 **почётные ли́ца:** Honoratioren; wörtl.: ehrwürdige Persönlichkeiten.

Степан Ильич Уховертов, *частный пристав*

Свистунов
Пуговицын } *полицейские*
Держиморда

Абдулин, *купец*
Февронья Петровна Пошлепкина, *слесарша*
Жена унтер-офицера
Мишка, *слуга городничего*
Слуга трактирный
Гости и гостьи, купцы, мещане, просители

1 **ча́стный при́став:** Polizeiaufseher (des Stadtteils).

5 **купе́ц** (Gen.: купца́): Kaufmann (купчи́ха: Kaufmannsfrau).

6 **сле́сарша:** Frau des Schlossers. Mit dem der männlichen Berufs- oder Rangbezeichnung angefügten Suffix -ша wurde, meist umgangssprachlich, früher die Ehefrau des Betreffenden bezeichnet; heute benennt es die weibliche Ausübende des entsprechenden Berufs (mit oft negativer Nebenbedeutung).

9 **слуга́ тракти́рный:** Wirtshausdiener, Kellner (тракти́р: Wirtshaus, тракти́рщик: Wirt).

10 **го́стья:** weiblicher Gast.
мещани́н (Pl.: меща́не, -ща́н): Bürger (меща́нка: Bürgerin).
проси́тель: Bittsteller.

Характеры и костюмы

Замечания для господ актеров

Городничий, уже постаревший на службе и очень неглупый по-своему человек. Хотя и взяточник, но ведет себя очень солидно; довольно сурьезен; несколько даже резонер; говорит ни громко, ни тихо, ни много, ни мало. Его каждое слово значительно. Черты лица его грубы и жестки, как у всякого, начавшего тяжелую службу с низших чинов. Переход от страха к радости, от низости к высокомерию довольно быстр, как у человека с грубо развитыми склонностями души. Он одет, по обыкновению, в своем мундире с петлицами и в ботфортах со шпорами. Волоса на нем стриженые, с проседью.

Анна Андреевна, жена его, провинциальная кокетка,

4 **взя́точник:** bestechlicher Mensch.
5 **сурьёзный** (alt.; heute: серьёзный): seriös, ernsthaft.
6 **резонёр:** Räsoneur, Nörgler.
8 **жёсткий:** hart, streng.
9 **чин:** Rang; Beamter.
10 **ни́зость:** Niedrigkeit, Gemeinheit, Niedertracht.
12 **скло́нность:** Neigung, Veranlagung.
по обыкнове́нию: normalerweise, gewöhnlich.
13 **мунди́р:** Uniform.
петли́ца: Knopfloch; hier: Tresse, Borte, Litze.
ботфо́рты: Kanonenstiefel; von frz. *bottes fortes*: über die Knie reichende Stiefel mit weichem, weitem Schaft.
14 **шпо́ра:** Sporn.
стри́женый: kurz geschnitten.
с про́седью: grau meliert (про́седь, f.: einzelne graue Haare).
15 **коке́тка:** Kokette, gefallsüchtige Frau (von frz. *coquette*: elegant, herausgeputzt, gefallsüchtig).

еще не совсем пожилых лет, воспитанная вполовину на романах и альбомах, вполовину на хлопотах в своей кладовой и девичьей. Очень любопытна и при случае выказывает тщеславие. Берет иногда власть над мужем потому только, что тот не находится что отвечать ей; но власть эта распространяется только на мелочи и состоит в выговорах и насмешках. Она четыре раза переодевается в разные платья в продолжение пьесы.

Хлестаков, молодой человек лет двадцати трех, тоненький, худенький; несколько приглуповат и, как говорят, без царя в голове, – один из тех людей, которых в канцеляриях называют пустейшими. Говорит и действует без всякого соображения. Он не в состоянии остановить постоянного внимания на какой-нибудь мысли. Речь его отрывиста, и слова вылетают из уст его совершенно неожиданно. Чем

2 **хло́поты:** Sorgen, Scherereien.
3 **кладова́я:** Vorratskammer.
де́вичья: Mägdekammer.
4 **выка́зывать** (uv.): zeigen, beweisen.
тщесла́вие: Eitelkeit.
6 **распространя́ться** (uv.): sich über etw. verbreiten, auf etw. erstrecken.
7 **вы́говор:** Tadel, Vorwurf.
насме́шка: Spott (насме́шник: Spötter).
11 **ху́денький:** ziemlich hager, schmächtig.
приглупова́тый: etwas schwer von Begriff, einfältig, beschränkt.
12 **без царя́ в голове́** (umg.): wörtl.: ohne Zar im Kopf; entspricht der Redewendung »Stroh im Kopf«.
13 **пусте́йший:** allerdümmst, Hohlkopf.
14 **соображе́ние:** Überlegung.
16 **отры́вистый:** abgehackt.
17 **уста́** (Pl.): Lippen, Mund.

более исполняющий эту роль покажет чистосердечия и простоты, тем более он выиграет. Одет по моде.

Осип, слуга, таков, как обыкновенно бывают слуги несколько пожилых лет. Говорит сурьезно, смотрит несколько вниз, резонер и любит себе самому читать нравоучения для своего барина. Голос его всегда почти ровен, в разговоре с барином принимает суровое, отрывистое и несколько даже грубое выражение. Он умнее своего барина и потому скорее догадывается, но не любит много говорить и молча плут. Костюм его – серый или синий поношенный сюртук.

Бобчинский и Добчинский, оба низенькие, коротенькие, очень любопытные; чрезвычайно похожи друг на друга; оба с небольшими брюшками; оба говорят скороговоркою и чрезвычайно много помогают жестами и руками. Добчинский немножко выше и

1 f. **чистосерде́чие:** Treuherzigkeit.
2 **вы́играть** (v.): gewinnen.
6 f. **чита́ть нравоуче́ния:** Moralpredigten halten.
7 **ба́рин:** Herr.
11 **дога́дываться**/догада́ться (uv./v.): erraten, vermuten, ahnen (дога́дка: Mutmaßung, Vermutung).
12 **плут:** Gauner (плу́тня: Gaunerei; плутова́ть/сплутова́ть, uv./v.: betrügen).
12 f. **поно́шенный сюрту́к:** abgetragener Gehrock.
16 **брюшко́:** Dim. von брю́хо (umg.): Bauch.
16 f. **говори́ть скорогово́ркою:** wie ein Wasserfall reden; die alte Form des Instr. Sg. der weiblichen Substantive auf -ою taucht in der Komödie oft auf.
17 **чрезвыча́йный:** außerordentlich.
18 **жест:** Geste, Gebärde.

сурьезнее Бобчинского, но Бобчинский развязнее и живее Добчинского.

Ляпкин-Тяпкин, судья, человек, прочитавший пять или шесть книг, и потому несколько вольнодумен. Охотник большой на догадки, и потому каждому слову своему дает вес. Представляющий его должен всегда сохранять в лице своем значительную мину. Говорит басом с продолговатой растяжкой, хрипом и сапом – как старинные часы, которые прежде шипят, а потом уже бьют.

Земляника, попечитель богоугодных заведений, очень толстый, неповоротливый и неуклюжий человек, но при всем том проныра и плут. Очень услужлив и суетлив.

Почтмейстер, простодушный до наивности человек.

Прочие роли не требуют особых изъяснений. Оригиналы их всегда почти находятся пред глазами.

Господа актеры особенно должны обратить внимание

1 **развя́зный:** gewandt, ungezwungen.
4 **вольноду́мный:** freigeistig, freidenkerisch.
8 **с продолгова́той растя́жкой:** mit langgezogener Dehnung.
хрип: Röcheln, Krächzen.
9 **сап:** Schnauben.
10 **шипе́ть** (uv.): zischen; hier: rasseln.
12 **неповоро́тливый:** unbeweglich, schwerfällig.
неуклю́жий: plump.
13 **проны́ра:** gerissener, durchtriebener Mensch.
услу́жливый: diensteifrig.
14 **суетли́вый:** geschäftig.
15 **простоду́шный:** treuherzig, einfältig.
16 **осо́бое изъясне́ние:** spezielle Erklärung, Erläuterung (неизъясни́мый: unerklärlich).

на последнюю сцену. Последнее произнесенное слово должно произвесть электрическое потрясение на всех разом, вдруг. Вся группа должна переменить положение в один миг ока. Звук изумления должен вырваться у всех женщин разом, как будто из одной груди. От несоблюдения сих замечаний может исчезнуть весь эффект.

2 **произве́сть** (heute: произвести́; v.): hier: hervorrufen, auslösen; die Infinitiv-Endung -сть anstelle von -сти́ kommt in dem Text mehrfach vor.
потрясе́ние: Erschütterung.
3 **ра́зом:** auf einmal, mit einem Schlag.
перемени́ть (v.): verändern, wechseln.
4 **в оди́н миг о́ка:** in einem Augenblick.
изумле́ние: Erstaunen, Bestürzung, Überraschung (изумля́ть/изуми́ть, uv./v.).
6 **сей** (сия́; сие́; сии́, сих): dieser.

Действие первое

Комната в доме городничего.

Явление I

Городничий, попечитель богоугодных заведений, смотритель училищ, судья, частный пристав, лекарь, два квартальных.

Городничий. Я пригласил вас, господа, с тем чтобы сообщить вам пренеприятное известие: к нам едет ревизор.

Аммос Федорович. Как ревизор?

Артемий Филиппович. Как ревизор?

Городничий. Ревизор из Петербурга, инкогнито. И еще с секретным предписаньем.

Аммос Федорович. Вот те на!

Артемий Филиппович. Вот не было заботы, так подай!

Лука Лукич. Господи боже! еще и с секретным предписаньем!

Городничий. Я как будто предчувствовал: сегодня мне

3 **явле́ние:** hier: Auftritt, Szene.
6 **кварта́льный:** (Stadtteil-)Polizist.
8 **пренеприя́тный:** äußerst unerfreulich.
13 **предписа́нье** (auch: -ние): Order, Auftrag, Anweisung; die Endung -нье anstelle von -ние kommt in dem Text mehrfach vor.
14 **вот те на:** da haben wir's, da haben wir die Bescherung.
15 **так пода́й:** schon passiert's.
18 **предчу́вствовать** (uv.): vorausahnen.

всю ночь снились какие-то две необыкновенные крысы. Право, этаких я никогда не видывал: черные, неестественной величины! пришли, понюхали – и пошли прочь. Вот я вам прочту письмо, которое получил я от Андрея Ивановича Чмыхова, которого вы, Артемий Филиппович, знаете. Вот что он пишет: «Любезный друг, кум и благодетель *(бормочет вполголоса, пробегая скоро глазами)* … и уведомить тебя.» А! вот: «Спешу, между прочим, уведомить тебя, что приехал чиновник с предписанием осмотреть всю губернию и особенно наш уезд *(значительно поднимает палец вверх)*. Я узнал это от самых достоверных людей, хотя он представляет себя частным лицом. Так как я знаю, что за тобою, как за всяким, водятся грешки, потому что ты человек умный и не любишь пропускать того, что плывет в руки …» *(остановясь)*, ну, здесь свои … «то советую тебе взять предосторожность, ибо он может приехать во всякий час, если толь-

1 **сни́ться** (uv.): träumen.
2 **пра́во:** hier: wahrhaftig, tatsächlich.
э́такий: solcher, so ein.
3 f. **поню́хать**/ню́хать (v./uv.): schnuppern, riechen, einatmen.
7 **любе́зный:** lieb, liebenswürdig.
кум: Gevatter, Taufpate (ку́мушка: Gevatterin).
благоде́тель: Wohltäter.
8 **бормота́ть** (-очу́, -о́чешь; uv.): murmeln.
9 **уве́домить** (v.): benachrichtigen, in Kenntnis setzen.
13 **достове́рный:** glaubwürdig, zuverlässig.
15 **за тобо́ю во́дятся грешки́** (umg.): du hast deine Schwächen (грешо́к, -шка́: kleine Sünde).
17 **плыть** (uv.) **в ру́ки** (umg.): in den Schoß fallen.
18 **предосторо́жность:** Vorsicht, Vorsichtsmaßnahme(n).
19 **и́бо:** denn, da.

ко уже не приехал и не живет где-нибудь инкогнито … Вчерашнего дни я …» Ну, тут уж пошли дела семейные: «… сестра Анна Кириловна приехала к нам с своим мужем; Иван Кирилович очень потолстел и всё играет на скрыпке …» – и прочее, и прочее. Так вот какое обстоятельство!

Аммос Федорович. Да, обстоятельство такое … необыкновенно, просто необыкновенно. Что-нибудь недаром.

Лука Лукич. Зачем же, Антон Антонович, отчего это? Зачем к нам ревизор?

Городничий. Зачем! Так уж, видно, судьба! *(Вздохнув.)* До сих пор, благодарение богу, подбирались к другим городам; теперь пришла очередь к нашему.

Аммос Федорович. Я думаю, Антон Антонович, что здесь тонкая и больше политическая причина. Это значит вот что: Россия … да … хочет вести войну, и министерия-то, вот видите, и подослала чиновника, чтобы узнать, нет ли где измены.

Городничий. Эк куда хватили! Еще умный человек! В уездном городе измена! Что он, пограничный, что ли? Да отсюда, хоть три года скачи, ни до какого государства не доедешь.

5 **всё:** hier: immerzu, fortwährend.
скры́пка (heute: скрипка): Geige.
13 **благодаре́ние бо́гу:** Gott sei Dank.
16 **то́нкий:** hier: kompliziert, delikat.
19 **изме́на:** Verrat.
20 **эк куда́ хвати́ли:** wo haben Sie das nur her (эк, umg.: Partikel zur Verstärkung von Äußerungen der Verwunderung oder Verärgerung).
21 **пограни́чный:** an der Grenze gelegen, Grenz-.
22 **хоть три го́да скачи́:** auch wenn du drei Jahre galoppierst (скака́ть; скачу́, ска́чешь; uv.: galoppieren; auch: hüpfen, springen).

Аммос Федорович. Нет, я вам скажу, вы не того … вы не … Начальство имеет тонкие виды: даром что далеко, а оно себе мотает на ус.

Городничий. Мотает или не мотает, а я вас, господа, предуведомил. Смотрите, по своей части я кое-какие распоряженья сделал, советую и вам. Особенно вам, Артемий Филиппович! Без сомнения, проезжающий чиновник захочет прежде всего осмотреть подведомственные вам богоугодные заведения – и потому вы сделайте так, чтобы все было прилично: колпаки были бы чистые, и больные не походили бы на кузнецов, как обыкновенно они ходят по-домашнему.

Артемий Филиппович. Ну, это еще ничего. Колпаки, пожалуй, можно надеть и чистые.

Городничий. Да, и тоже над каждой кроватью надписать по-латыни или на другом каком языке … это уж по вашей части, Христиан Иванович, – всякую болезнь: когда кто заболел, которого дня и числа … Нехорошо, что у вас больные такой крепкий табак курят, что всегда расчихаешься, когда войдешь. Да

2 **начáльство:** Obrigkeit.
2 f. **дáром что далекó:** gleich wie weit entfernt.
3 **мотáть** (uv.) **себé на ус** (umg.): sich hinter die Ohren schreiben; wörtl.: sich auf den (Schnurr-)Bart wickeln.
6 **распоряжéнья:** hier: Vorkehrungen.
8 f. **подвéдомственный:** unterstellt, untergeordnet.
10 **прилúчный:** anständig, geziemend (неприлúчный: unanständig).
11 **колпáк** (Gen.: -á): Nachtmütze, Nachthaube.
12 **кузнéц** (Gen.: -á): Schmied.
15 **надéть** (v.): aufsetzen, anziehen.
21 **расчихáться** (uv.): (heftig) niesen (чихáть) .

и лучше, если б их было меньше: тотчас отнесут к дурному смотрению или к неискусству врача.

Артемий Филиппович. О! насчет врачеванья мы с Христианом Ивановичем взяли свои меры: чем ближе к натуре, тем лучше, – лекарств дорогих мы не употребляем. Человек простой: если умрет, то и так умрет; если выздоровеет, то и так выздоровеет. Да и Христиану Ивановичу затруднительно было б с ними изъясняться: он по-русски ни слова не знает. *(Христиан Иванович издает звук, отчасти похожий на букву «и» и несколько на «е»)*

Городничий. Вам тоже посоветовал бы, Аммос Федорович, обратить внимание на присутственные места. У вас там в передней, куда обыкновенно являются просители, сторожа завели домашних гусей с маленькими гусенками, которые так и шныряют под ногами. Оно, конечно, домашним хозяйством заводиться всякому похвально, и почему ж сторожу и не завесть его? только, знаете, в таком месте

1 **отнести́** (v.): zuschreiben, beziehen auf.
2 **неиску́сство:** Ungeschick, Unfähigkeit.
3 **врачева́нье** (alt.): ärztliche Behandlung.
4 **ме́ра:** hier: Maßnahme.
5 **лека́рство:** Arznei.
7 **вы́здороветь**/выздора́вливать (v./uv.): gesund werden, genesen.
8 **затрудни́тельный:** schwer, schwierig (затрудне́ние: Schwierigkeit, Verlegenheit).
9 **изъясня́ться** (uv.): sich verständigen, sich ausdrücken.
13 **прису́тственный:** hier: Amts-.
14 **пере́дняя:** Vorzimmer, Diele.
15 **сто́рож** (Pl.: -á): Wächter; hier: Gerichtsdiener.
16 **шныря́ть** (v., umg.): herumrennen, wuseln.
17 f. **заводи́ться** (uv.) **хозя́йством:** sich häuslich einrichten.

неприлично … Я и прежде хотел вам это заметить, но все как-то позабывал.

Аммос Федорович. А вот я их сегодня же велю всех забрать на кухню. Хотите, приходите обедать.

Городничий. Кроме того, дурно, что у вас высушивается в самом присутствии всякая дрянь и над самым шкапом с бумагами охотничий арапник. Я знаю, вы любите охоту, но все на время лучше его принять, а там, как проедет ревизор, пожалуй, опять его можете повесить. Также заседатель ваш … он, конечно, человек сведущий, но от него такой запах, как будто бы он сейчас вышел из винокуренного завода, – это тоже нехорошо. Я хотел давно об этом сказать вам, но был, не помню, чем-то развлечен. Есть против этого средства, если уже это действительно, как он говорит, у него природный запах: можно ему посоветовать есть лук, или чеснок, или что-нибудь другое. В этом случае может помочь разными медикаментами Христиан Иванович.

(Христиан Иванович издает тот же звук.)

Аммос Федорович. Нет, этого уже невозможно выгнать:

6 f. **высу́шиваться** (uv.): getrocknet werden.
7 **дрянь** (f.): allerlei Zeug, Lumpen, Lappen (дрянно́й: lumpig, elend).
8 **шкап** (alt., heute: шкаф): Schrank.
охо́тничий ара́пник: Jagdpeitsche.
11 **заседа́тель:** Beisitzer.
12 **све́дущий:** erfahren, bewandert.
14 **виноку́ренный заво́д:** Branntweinbrennerei.
23 **вы́гнать** (v.): austreiben, verjagen.

он говорит, что в детстве мамка его ушибла, и с тех пор от него отдает немного водкою.

Городничий. Да я так только заметил вам. Насчет же внутреннего распоряжения и того, что называет в письме Андрей Иванович грешками, я ничего не могу сказать. Да и странно говорить: нет человека, который бы за собою не имел каких-нибудь грехов. Это уже так самим богом устроено, и волтерианцы напрасно против этого говорят.

Аммос Федорович. Что ж вы полагаете, Антон Антонович, грешками? Грешки грешкам – рознь. Я говорю всем открыто, что беру взятки, но чем взятки? Борзыми щенками. Это совсем иное дело.

Городничий. Ну, щенками или чем другим – всё взятки.

Аммос Федорович. Ну нет, Антон Антонович. А вот, например, если у кого-нибудь шуба стоит пятьсот рублей, да супруге шаль …

Городничий. Ну, а что из того, что вы берете взятки борзыми щенками? Зато вы в бога не веруете; вы в церковь никогда не ходите; а я по крайней мере в вере тверд и каждое воскресенье бываю

1 **ма́мка:** Amme.
ушиби́ть (v.): verletzen, stoßen.
2 **отдава́ть** (uv.; + Instr.): hier: nach etw. riechen.
6 **стра́нный:** seltsam, merkwürdig (**престра́нный:** äußerst seltsam).
8 **волтериа́нец:** Voltairianer (Anhänger des französischen Aufklärungs-Philosophen Voltaire, 1694–1778).
10 **полага́ть** (uv.): glauben, meinen.
11 **грешки́ грешка́м – рознь:** eine Sünde ist nicht wie die andere (рознь, f.: Unterschied).
13 **борзо́й щено́к:** Windhundwelpe.
17 **шаль** (f.): Schal.
20 f. **по кра́йней ме́ре:** wenigstens, zumindest.

в церкви. А вы … О, я знаю вас: вы если начнете говорить о сотворении мира, просто волосы дыбом поднимаются.

Аммос Федорович. Да ведь сам собою дошел, собственным умом.

Городничий. Ну, в ином случае много ума хуже, чем бы его совсем не было. Впрочем, я так только упомянул об уездном суде; а по правде сказать, вряд ли кто когда-нибудь заглянет туда: это уж такое завидное место, сам бог ему покровительствует. А вот вам, Лука Лукич, так, как смотрителю учебных заведений, нужно позаботиться особенно насчет учителей. Они люди, конечно, ученые и воспитывались в разных коллегиях, но имеют очень странные поступки, натурально неразлучные с ученым званием. Один из них, например, вот этот, что имеет толстое лицо … не вспомню его фамилии, никак не может обойтись без того, чтобы, взошедши

2 **сотворéние:** Erschaffung.

2 f. **вóлосы ды́бом поднимáются:** die Haare stehen zu Berge.

4 **сам собóю дошёл:** ich bin ganz von allein darauf gekommen (самó собóй: von selbst).

8 **упомяну́ть** (v.): erwähnen.

9 **загляну́ть** (v.): hineinschauen, vorbeischauen.

10 **зави́дный:** beneidenswert.

покрови́тельствовать (uv.): beschützen (покрови́тель: Beschützer, Gönner; покрови́тельство: Protektion, Schutz).

15 **посту́пки** (Pl.): Verhaltensweise, Benehmen (посту́пок: Handlung, Tat).

неразлу́чный: untrennbar (verbunden).

18 **не мóжет обойти́сь:** kann nicht anders.

18 f. **взошéдши на кáфедру:** nachdem er das (Pult) Katheder bestiegen hatte (Adverbialpartizip der Vorzeitigkeit von взойти́, v.: hinaufsteigen).

на кафедру, не сделать гримасу, вот этак *(делает гримасу)*, и потом начнет рукою из-под галстука утюжить свою бороду. Конечно, если он ученику сделает такую рожу, то оно еще ничего: может быть, оно там и нужно так, об этом я не могу судить; но вы посудите сами, если он сделает это посетителю, – это может быть очень худо: господин ревизор или другой кто может принять это на свой счет. Из этого черт знает что может произойти.

Лука Лукич. Что ж мне, право, с ним делать? Я уж несколько раз ему говорил. Вот еще на днях, когда зашел было в класс наш предводитель, он скроил такую рожу, какой я никогда еще не видывал. Он-то ее сделал от доброго сердца, а мне выговор: зачем вольнодумные мысли внушаются юношеству.

Городничий. То же я должен вам заметить и об учителе по исторической части. Он ученая голова – это видно, и сведений нахватал тьму, но только

3 **утю́жить** (uv.): bügeln; hier: glatt streichen.
4 **ро́жа:** Fratze, Grimasse (s. S. 3).
7 **ху́до** (alt.): übel, schlimm (noch erhalten in ху́же, dem Komparativ von пло́хо).
8 **приня́ть** (v.) **на свой счёт:** auf sich beziehen.
11 **на днях:** kürzlich, neulich, vor einigen Tagen.
12 **зашёл бы́ло:** als er gerade eintreten wollte; die Partikel бы́ло mit dem Präteritum bezeichnet eine vorgehabte oder gerade erst begonnene, aber nicht zu Ende geführte Handlung.
предводи́тель: hier: Adelsmarschall, ein leitender Repräsentant des örtlichen Adels, der u. a. auch in der Schulaufsicht wirkte.
скрои́ть (v.): schneiden.
15 **внуша́ться** (uv.): eingeflößt werden (внуша́ть: eingeben).
18 **све́дений нахвата́л тьму:** er hat unendlich viel Wissen angehäuft (тьма: eine Menge).

объясняет с таким жаром, что не помнит себя. Я раз слушал его: ну, покамест говорил об ассириянах и вавилонянах – еще ничего, а как добрался до Александра Македонского, то я не могу вам сказать, что с ним сделалось. Я думал, что пожар, ей-богу! Сбежал с кафедры и что силы есть хвать стулом об пол. Оно, конечно, Александр Македонский герой, но зачем же стулья ломать? от этого убыток казне.

Лука Лукич. Да, он горяч! Я ему это несколько раз уже замечал … Говорит: «Как хотите, для науки я жизни не пощажу.»

Городничий. Да, таков уже неизъяснимый закон судеб: умный человек – или пьяница, или рожу такую состроит, что хоть святых выноси.

Лука Лукич. Не приведи бог служить по ученой части! Всего боишься: всякий мешается, всякому хочется показать, что он тоже умный человек.

Городничий. Это бы еще ничего, – инкогнито про-

2 **пока́мест:** solange, während.
ассирия́нин: Assyrer.
3 **вавилоня́нин:** Babylonier.
4 **Алекса́ндр Македо́нский:** Alexander (der Große) von Mazedonien (356–323 v. Chr.).
6 **хвать** (umg.): zack, schwups.
8 **убы́ток казне́:** Verlust für den Staat, den Staatsbesitz (казна́).
11 **пощади́ть** (v.): schonen, sparen.
12 **тако́в:** so (таково́й: ein solcher).
13 **пья́ница:** Trinker, Säufer (auch: пья́нюшка).
14 **хоть святы́х выноси́:** man möchte gleich die Heiligen(bilder) hinaustragen.
15 **не приведи́ бог служи́ть** (uv.) **по учёной ча́сти:** Gott bewahre davor, als Gehrter zu dienen.
16 **меша́ться** (uv.): sich einmischen.

клятое! Вдруг заглянет: «А, вы здесь, голубчики! А кто, скажет, здесь судья?» – «Ляпкин-Тяпкин.» – «А подать сюда Ляпкина-Тяпкина! А кто попечитель богоугодных заведений?» – «Земляника.» – «А подать сюда Землянику!» Вот что худо!

Явление II

Те же и почтмейстер.

Почтмейстер. Объясните, господа, что, какой чиновник едет?

Городничий. А вы разве не слышали?

Почтмейстер. Слышал от Петра Ивановича Бобчинского. Он только что был у меня в почтовой конторе.

Городничий. Ну, что? Как вы думаете об этом?

Почтмейстер. А что думаю? война с турками будет.

Аммос Федорович. В одно слово! я сам тоже думал.

Городничий. Да, оба пальцем в небо попали!

Почтмейстер. Право, война с турками. Это все француз гадит.

Городничий. Какая война с турками! Просто нам плохо будет, а не туркам. Это уже известно: у меня письмо.

Почтмейстер. А если так, то не будет войны с турками.

1 **голу́бчик:** mein Lieber; wörtl.: Täubchen.
3 **пода́ть** (v.): herbringen, herführen.
14 **ту́рок:** Türke.
16 **па́льцем в не́бо попа́сть** (v., umg.): etw. Unpassendes, Unsinniges sagen.
18 **га́дить** (uv.): hier: aushecken, anstiften.

Городничий. Ну что же, как вы, Иван Кузьмич?

Почтмейстер. Да что я? Как вы, Антон Антонович?

Городничий. Да что я? Страху-то нет, а так, немножко … Купечество да гражданство меня смущает. Говорят, что я им солоно пришелся, а я, вот ей-богу, если и взял с иного, то, право, без всякой ненависти. Я даже думаю *(берет его под руку и отводит в сторону)*, я даже думаю, не было ли на меня какого-нибудь доноса. Зачем же в самом деле к нам ревизор? Послушайте, Иван Кузьмич, нельзя ли вам, для общей нашей пользы, всякое письмо, которое прибывает к вам в почтовую контору, входящее и исходящее, знаете, этак немножко распечатать и прочитать: не содержится ли в нем какого-нибудь донесения или просто переписки. Если же нет, то можно опять запечатать; впрочем, можно даже и так отдать письмо, распечатанное.

Почтмейстер. Знаю, знаю … Этому не учите, это я делаю не то чтоб из предосторожности, а больше из любопытства: смерть люблю узнать, что есть

3 **стра́ху-то нет:** nicht dass ich Angst hätte.
4 **купе́чество:** Kaufmannschaft, Kaufleute.
гражда́нство: hier: Bürgerschaft, Bürgertum.
смуща́ть/смути́ть (uv./v.): beunruhigen, verwirren, Sorgen machen (смуще́ние).
5 **со́лоно прийти́сь** (v.; + Dat.): jdm. sauer aufstoßen, Ärger bereiten (солёный: salzig).
6 **не́нависть** (f.): Hass.
9 **доно́с:** Denunziation, Anzeige.
13 **распеча́тать**/распеча́тывать (v./uv.): entsiegeln, aufbrechen (запеча́тать, v.: versiegeln).
15 **донесе́ние:** Bericht; hier: Beschwerde.
перепи́ска: Korrespondenz, Briefwechsel.
20 **смерть люблю́ узна́ть:** ich möchte für mein Leben gern wissen.

нового на свете. Я вам скажу, что это преинтересное чтение. Иное письмо с наслажденьем прочтешь – так описываются разные пассажи … а назидательность какая … лучше, чем в «Московских ведомостях»!

Городничий. Ну что ж, скажите, ничего не начитывали о каком-нибудь чиновнике из Петербурга?

Почтмейстер. Нет, о петербургском ничего нет, а о костромских и саратовских много говорится. Жаль, однако ж, что вы не читаете писем: есть прекрасные места. Вот недавно один поручик пишет к приятелю и описал бал в самом игривом … очень, очень хорошо: «Жизнь моя, милый друг, течет, говорит, в эмпиреях: барышень много, музыка играет, штандарт скачет …» – с большим, с большим чувством описал. Я нарочно оставил его у себя. Хотите, прочту?

Городничий. Ну, теперь не до того. Так сделайте ми-

3 **пасса́ж** (alt.): (unerwartete) Begebenheit, Überraschung.
назида́тельность: Belehrung, Erbauung.
4 **Моско́вские ве́домости:** »Moskauer Nachrichten«; von der Moskauer Universität 1756–1917 herausgegebene Zeitung.
8 **костро́мский и сара́товский:** von Kostromá und Sarátov (Städte an der oberen bzw. unteren Wolga).
10 **пору́чик** (alt.): Oberleutnant.
11 **в са́мом игри́вом:** höchst amüsant (**игри́вый:** scherzhaft).
12 **течь** (течёт; uv.): fließen.
13 **в эмпире́ях** (lit.): wie im Himmel; Empyreum bzw. Empyrion ist in der antiken Philosophie die oberste Himmelssphäre, der Ort des Lichts.
ба́рышня: (herrschaftliches) Fräulein.
14 **штанда́рт:** Standarte.
15 **наро́чно:** absichtlich.
17 **не до того́:** nicht der richtige Moment.
17 f. **сде́лайте ми́лость:** tun Sie mir den Gefallen, seien Sie so gut.

лость, Иван Кузьмич: если на случай попадется жалоба или донесение, то без всяких рассуждений задерживайте.

Почтмейстер. С большим удовольствием.

Аммос Федорович. Смотрите, достанется вам когда-нибудь за это.

Почтмейстер. Ах, батюшки!

Городничий. Ничего, ничего. Другое дело, если бы вы из этого публичное что-нибудь сделали, но ведь это дело семейственное.

Аммос Федорович. Да, нехорошее дело заварилось! А я, признаюсь, шел было к вам, Антон Антонович, с тем чтобы попотчевать вас собачонкою. Родная сестра тому кобелю, которого вы знаете. Ведь вы слышали, что Чептович с Варховинским затеяли тяжбу, и теперь мне роскошь: травлю зайцев на землях и у того и у другого.

Городничий. Батюшки, не милы мне теперь ваши зайцы: у меня инкогнито проклятое сидит в голове. Так и ждешь, что вот отворится дверь и – шасть …

2 **рассуждéние:** Bedenken, Erwägung, Überlegung.
5 **достáться** (v.): zuteilwerden; hier: bestraft werden.
7 **бáтюшки:** Du lieber Gott! Um Himmels willen! (бáтюшка: Väterchen.)
11 **завари́ться** (v.): sich zusammenbrauen.
13 **попотчевáть** (v.; + Akk. + Instr.): jdn. mit etw. bewirten, jdm. etw. offerieren, spendieren.
14 **кобéль:** Rüde (Dim.: кобелёк).
15 f. **затéять** (v.) **тя́жбу:** in einen (Rechts-)Streit geraten, einen Prozess anstrengen.
16 **тепéрь мне рóскошь:** jetzt bin ich in der glücklichen Lage.
трави́ть (uv.): hetzen, jagen.
20 **отвори́ться** (-вóрится; v.): sich öffnen.
шасть: und da, und plötzlich.

Явление III

Те же, Бобчинский и Добчинский, оба входят, запыхавшись.

Бобчинский. Чрезвычайное происшествие!

Добчинский. Неожиданное известие!

Все. Что, что такое?

Добчинский. Непредвиденное дело: приходим в гостиницу …

Бобчинский *(перебивая)*. Приходим с Петром Ивановичем в гостиницу …

Добчинский *(перебивая)*. Э, позвольте, Петр Иванович, я расскажу.

Бобчинский. Э, нет, позвольте уж я … позвольте, позвольте … вы уж и слога такого не имеете …

Добчинский. А вы собьетесь и не припомните всего.

Бобчинский. Припомню, ей-богу, припомню. Уж не мешайте, пусть я расскажу, не мешайте! Скажите, господа, сделайте милость, чтоб Петр Иванович не мешал.

Городничий. Да говорите, ради бога, что такое? У меня сердце не на месте. Садитесь, господа! Возьмите стулья! Петр Иванович, вот вам стул.
(Все усаживаются вокруг обоих Петров Ивановичей.)
Ну, что, что такое?

2 f. **запыха́ться** (uv.): außer Atem kommen.
7 **непредви́денный:** unvorhergesehen.
14 **слог:** hier: Stil, Ausdrucksweise.
15 **сби́ться** (собью́сь, -бьёшься; v.): durcheinandergeraten, konfus werden.

Бобчинский. Позвольте, позвольте: я все по порядку. Как только имел я удовольствие выйти от вас после того, как вы изволили смутиться полученным письмом, да-с, – так я тогда же забежал … уж, пожалуйста, не перебивайте, Петр Иванович! Я уж все, все, все знаю-с. Так я, вот изволите видеть, забежал к Коробкину. А не заставши Коробкина-то дома, заворотил к Растаковскому, а не заставши Растаковского, зашел вот к Ивану Кузьмичу, чтобы сообщить ему полученную вами новость, да, идучи оттуда, встретился с Петром Ивановичем …

Добчинский *(перебивая)*. Возле будки, где продаются пироги.

Бобчинский. Возле будки, где продаются пироги. Да, встретившись с Петром Ивановичем, и говорю ему: «Слышали ли вы о новости-та, которую получил Антон Антонович из достоверного письма?» А Петр Иванович уж услыхали об этом от ключницы вашей

3 **изво́лить** (uv.): geruhen, belieben (**изво́ль**: wie es beliebt, meinetwegen; **изво́льте**: belieben Sie!, bitte sehr!).

4 **да-с:** tja nun, ja-ja; in mehreren slawischen Sprachen (vgl. tschech. *dnes*: heute) wird umgangssprachlich und mundartlich mitunter ein bestätigendes, hervorhebendes oder auch nichtfunktionales -c an Wörter verschiedener Wortarten angefügt, das auf russ. су́дарь (Herr) zurückgehen oder in anderer Deutung, eine lautliche Verkürzung des Demonstrativpronomens сей (dieser, jener) darstellen soll.

7 **заста́ть** (v.): antreffen, vorfinden.

8 **завороти́ть** (v.): umkehren.

13 **во́зле** (+ Gen.): neben.
бу́дка: Bude, Verkaufsstand.

19 **услыха́ть** (v.): hören, erfahren.
клю́чница: Beschließerin, Haushälterin.

Авдотьи, которая, не знаю, за чем-то была послана к Филиппу Антоновичу Почечуеву.

Добчинский *(перебивая)*. За бочонком для французской водки.

Бобчинский *(отводя его руки)*. За бочонком для французской водки. Вот мы пошли с Петром-то Ивановичем к Почечуеву … Уж вы, Петр Иванович … энтого … не перебивайте, пожалуйста, не перебивайте! … Пошли к Почечуеву, да на дороге Петр Иванович говорит: «Зайдем, говорит, в трактир. В желудке-то у меня … с утра я ничего не ел, так желудочное трясение …» – да-с, в желудке-то у Петра Ивановича … «А в трактир, говорит, привезли теперь свежей семги, так мы закусим.» Только что мы в гостиницу, как вдруг молодой человек …

Добчинский *(перебивая)*. Недурной наружности, в партикулярном платье …

Бобчинский. Недурной наружности, в партикулярном платье, ходит этак по комнате, и в лице этакое рассуждение … физиономия … поступки, и здесь *(вертит рукою около лба)* много, много всего. Я

3 **бочо́нок:** Dim. von бо́чка: Fass.
5 **отводи́ть** (uv.): wegführen; hier: beiseiteschieben.
8 **энтого** (alt., umg.): э́того, hier: na, nun doch.
12 **желу́дочное трясе́ние:** Magenknurren.
14 **сёмга:** Lachs, Salm.
закуси́ть (v.): einen Imbiss zu sich nehmen, kosten.
17 **нару́жность:** Äußeres, Aussehen (нару́жу: nach außen).
18 **партикуля́рное пла́тье:** Zivilkleidung.
21 **физионо́мия:** Physiognomie, Gesichtszüge
22 **верте́ть** (верчу́, ве́ртишь; uv.): drehen; hier: wedeln.

будто предчувствовал и говорю Петру Ивановичу: «Здесь что-нибудь неспроста-с.» Да. А Петр-то Иванович уж мигнул пальцем и подозвали трактирщика-с, трактирщика Власа: у него жена три недели назад тому родила, и такой пребойкий мальчик, будет так же, как и отец, содержать трактир. Подозвавши Власа, Петр Иванович и спроси его потихоньку: «Кто, говорит, этот молодой человек?» – а Влас и отвечает на это: «Это», – говорит … Э, не перебивайте, Петр Иванович, пожалуйста, не перебивайте; вы не расскажете, ей-богу не расскажете: вы пришепетываете; у вас, я знаю, один зуб во рту со свистом … «Это, говорит, молодой человек, чиновник, – да-с, – едущий из Петербурга, а по фамилии, говорит, Иван Александрович Хлестаков-с, а едет, говорит, в Саратовскую губернию и, говорит, престранно себя аттестует: другую уж неделю живет, из трактира не едет, забирает все на счет и ни копейки не хочет платить.» Как сказал он мне это, а меня так вот свыше и вразумило. «Э!» – говорю я Петру Ивановичу …

Добчинский. Нет, Петр Иванович, это я сказал: «э!»

Бобчинский. Сначала вы сказали, а потом и я сказал.

2 **неспростá:** nicht einfach so, nicht grundlos.
3 **мигнýть** (v.): blinzeln; hier: herbeiwinken.
5 **пребóйкий:** äußerst munter (бóйкий: flink, gewandt, lebhaft).
6 **содержáть** (uv.): betreiben, unterhalten.
8 **потихóньку:** leise, heimlich.
12 **пришепётывать** (uv.): (manchmal) lispeln.
17 **аттестовáть** (uv./v.) **себя́:** hier: sich aufführen, sich verhalten.
20 **вот свы́ше и вразуми́ло:** da kam von oben die Erleuchtung (вразуми́ть, v.: belehren).

«Э! – сказали мы с Петром Ивановичем. – А с какой стати сидеть ему здесь, когда дорога ему лежит в Саратовскую губернию?» Да-с. А вот он-то и есть этот чиновник.

Городничий. Кто, какой чиновник?

Бобчинский. Чиновник-та, о котором изволили получить нотицию, – ревизор.

Городничий *(в страхе)*. Что вы, господь с вами! это не он.

Добчинский. Он! и денег не платит и не едет. Кому же б быть, как не ему? И подорожная прописана в Саратов.

Бобчинский. Он, он, ей-богу он … Такой наблюдательный: все обсмотрел. Увидел, что мы с Петром-то Ивановичем ели семгу, – больше потому, что Петр Иванович насчет своего желудка … да, так он и в тарелки к нам заглянул. Меня так и проняло страхом.

Городничий. Господи, помилуй нас, грешных! Где же он там живет?

Добчинский. В пятом номере, под лестницей.

Бобчинский. В том самом номере, где прошлого года подрались проезжие офицеры.

Городничий. И давно он здесь?

1 f. **с како́й ста́ти:** aus welchem Grund, wozu.
7 **нoти́ция:** Notiz, Mitteilung.
8 **госпо́дь с ва́ми:** Gott behüte! Herr im Himmel!
11 **подоро́жная** (alt.): Reiseorder; die Anweisung zum Fahren mit Postpferden.
17 **проня́ть** (v.): durchdringen, erfassen.
19 **поми́луй нас:** erbarme dich unser.

ДОБЧИНСКИЙ. А недели две уж. Приехал на Василья Египтянина.

ГОРОДНИЧИЙ. Две недели! *(В сторону.)* Батюшки, сватушки! Выносите, святые угодники! В эти две недели высечена унтер-офицерская жена! Арестантам не выдавали провизии! На улицах кабак, нечистота! Позор! поношенье! *(Хватается за голову.)*

АРТЕМИЙ ФИЛИППОВИЧ. Что ж, Антон Антонович? – ехать парадом в гостиницу.

АММОС ФЕДОРОВИЧ. Нет, нет! Вперед пустить голову, духовенство, купечество; вот и в книге «Деяния Иоанна Масона» …

ГОРОДНИЧИЙ. Нет, нет; позвольте уж мне самому. Бывали трудные случаи в жизни, сходили, еще даже и спасибо получал. Авось бог вынесет и теперь.

1 f. **на Васи́лья Египтя́нина:** am Tag Basilius' des Ägypters, in der Ostkirche der 2. Januar. Basilius der Große (um 330–379) besuchte u. a. die Klöster in Ägypten und war Mitbegründer der für die Ostkirche geltenden Mönchsregeln.

4 **сва́тушки** (umg.): alle Heiligen!
выноси́ть/вы́нести (uv./v.): hier: heraushelfen, retten.
уго́дники: hier: Diener Gottes.

5 **вы́сечь** (v.): auspeitschen.

6 **прови́зия** (alt.): Ration, Essenszuteilung.
каба́к: Kneipe, Schenke; hier: Unrat, Unordnung.

7 **позо́р:** Schande, Schmach.
поноше́нье: Schmach, Schimpf.

12 **духове́нство:** Geistlichkeit.

12 f. **Дея́ния Иоа́нна Масо́на:** »Die Taten Johannes des Freimaurers«.

15 **сходи́ть/сойти́** (uv./v.): hier: vorbeigehen, vergehen.

16 **аво́сь:** vielleicht.

(Обращаясь к Бобчинскому.) Вы говорите, он молодой человек?

Бобчинский. Молодой, лет двадцати трех или четырех с небольшим.

Городничий. Тем лучше: молодого скорее пронюхаешь. Беда, если старый черт, а молодой весь наверху. Вы, господа, приготовляйтесь по своей части, а я отправлюсь сам или вот хоть с Петром Ивановичем, приватно, для прогулки, наведаться, не терпят ли проезжающие неприятностей. Эй, Свистунов!

Свистунов. Что угодно?

Городничий. Ступай сейчас за частным приставом; или нет, ты мне нужен. Скажи там кому-нибудь, чтобы как можно поскорее ко мне частного пристава, и приходи сюда.

(Квартальный бежит впопыхах.)

Артемий Филиппович. Идем, идем, Аммос Федорович! В самом деле может случиться беда.

Аммос Федорович. Да вам чего бояться? Колпаки чистые надел на больных, да и концы в воду.

5 **пронюхать** (v.): ausschnüffeln.
6 **весь наверху́:** alles ist oben, d. h. leicht zu durchschauen.
8 **отправля́ться** (uv.): sich begeben.
9 **прогу́лка:** Spaziergang.
наве́даться (v.): besuchen, vorsprechen, hier: sich erkundigen.
12 **что уго́дно:** wie belieben, was wünschen Sie (уго́дный: angenehm).
13 **ступа́й:** lauf los (ступа́ть, uv.: schreiten, treten).
17 **впопыха́х:** in aller Eile.
21 **концы́ в во́ду** (umg.): kein Hahn kräht mehr danach; wörtl.: (alle) Enden ins Wasser (und niemand redet mehr darüber); bezieht sich auf die Gerichtspraxis, Verurteilte in einem Sack zu ertränken.

Артемий Филиппович. Какое колпаки! Больным велено габерсуп давать, а у меня по всем коридорам несет такая капуста, что береги только нос.

Аммос Федорович. А я на этот счет покоен. В самом деле, кто зайдет в уездный суд? А если и заглянет в какую-нибудь бумагу, так он жизни не будет рад. Я вот уж пятнадцать лет сижу на судейском стуле, а как загляну в докладную записку – а! только рукой махну. Сам Соломон не разрешит, что в ней правда и что неправда.

(Судья, попечитель богоугодных заведений, смотритель училищ и почтмейстер уходят и в дверях сталкиваются с возвращающимся квартальным.)

Явление IV

Городничий, Бобчинский, Добчинский и квартальный.

Городничий. Что, дрожки там стоят?

Квартальный. Стоят.

Городничий. Ступай на улицу … или нет, постой! Ступай принеси … Да другие-то где? неужели ты только один? Ведь я приказывал, чтобы и Прохоров был здесь. Где Прохоров?

2 **га́берсуп:** Haferbrei (Lehnwort aus dem Deutschen).
несёт: hier: stinkt.
8 **докладна́я запи́ска:** Schriftstück, Aktennotiz.
8 f. **руко́й махну́ть** (v.): winken, abwinken (маха́ть; машу́, ма́шешь; uv.: schwingen, schwenken).
9 **Соломо́н:** der biblische König Salomo(n).
16 **дро́жки** (Pl.): Droschke.
18 **посто́й:** halt, warte.

Квартальный. Прохоров в частном доме, да только к делу не может быть употреблен.

Городничий. Как так?

Квартальный. Да так: привезли его поутру мертвецки. Вот уже два ушата воды вылили, до сих пор не протрезвился.

Городничий *(хватаясь за голову)*. Ах, боже мой, боже мой! Ступай скорее на улицу, или нет – беги прежде в комнату, слышь! и принеси оттуда шпагу и новую шляпу. Ну, Петр Иванович, поедем!

Бобчинский. И я, и я … позвольте и мне, Антон Антонович!

Городничий. Нет, нет, Петр Иванович, нельзя, нельзя! Неловко, да и на дрожках не поместимся.

Бобчинский. Ничего, ничего, я так: петушком, петушком побегу за дрожками. Мне бы только немножко в щелочку-та, в дверь этак посмотреть, как у него эти поступки …

Городничий *(принимая шпагу, к квартальному)*. Беги сейчас возьми десятских, да пусть каждый из них

4 **поутру́:** am frühen Morgen.
мертве́цки: halbtot, besinnungslos (betrunken), sturzbesoffen.
5 **уша́т:** Zuber, Kübel.
вы́лить (v.): ausgießen.
6 **протрезви́ться** (v.): nüchtern werden, ausnüchtern.
9 **шпа́га:** Degen.
14 **помести́ться** (v.): Platz finden, unterkommen.
15 **петушко́м** (umg.): unterwürfig (петушо́к: Hähnchen).
17 **щёлочка:** schmale Ritze, Türspalt (щель, f.: Ritze, Spalte; Dim.: щёлка).
20 **деся́тские:** Hilfspolizisten, die jeder zehnte Hof stellen musste; wörtl.: Zehner.

возьмет … Эк шпага как исцарапалась! Проклятый купчишка Абдулин – видит, что у городничего старая шпага, не прислал новой. О, лукавый народ! А так, мошенники, я думаю, там уж просьбы из-под полы и готовят. Пусть каждый возьмет в руки по улице … черт возьми, по улице – по метле! и вымели бы всю улицу, что идет к трактиру, и вымели бы чисто … Слышишь! Да смотри: ты! ты! я знаю тебя: ты там кумаешься да крадешь в ботфорты серебряные ложечки, – смотри, у меня ухо востро! … Что ты сделал с купцом Черняевым – а? Он тебе на мундир дал два аршина сукна, а ты стянул всю штуку. Смотри! не по чину берешь! Ступай!

1 **исцара́паться** (v.): zerkratzt werden.
2 **купчи́шка** (m.): Krämerseele; Dim. von купе́ц.
3 **лука́вый:** gerissen, verschlagen.
4 f. **из-под полы́:** hinterrücks; wörtl.: unter dem Rockschoß hervor.
6 **метла́:** Besen.
7 **вы́мести** (v.): kehren.
9 **кума́ться** (uv.): sich anbiedern, kumpelhaft sein (vgl. S. 12: кум).
красть (краду́, -ёшь; uv.): stehlen, klauen.
10 f. **у́хо востро́:** scharfe Ohren (haben), auf der Hut (sein).
12 **арши́н:** Arschin; altes russisches Längenmaß von 0,711m.
сукно́: Stoff, Tuch.
13 **стяну́ть** (v.): entwenden, stehlen.
не по чи́ну: mehr, als nach der Stellung zusteht.

Явление V

Те же и частный пристав.

Городничий. А, Степан Ильич! Скажите, ради бога: куда вы запропастились? На что это похоже?

Частный пристав. Я был тут сейчас за воротами.

Городничий. Ну, слушайте же, Степан Ильич! Чиновник-то из Петербурга приехал. Как вы там распорядились?

Частный пристав. Да так, как вы приказывали. Квартального Пуговицына я послал с десятскими подчищать тротуар.

Городничий. А Держиморда где?

Частный пристав. Держиморда поехал на пожарной трубе.

Городничий. А Прохоров пьян?

Частный пристав. Пьян.

Городничий. Как же вы это так допустили?

Частный пристав. Да бог его знает. Вчерашнего дня случилась за городом драка, – поехал туда для порядка, а возвратился пьян.

Городничий. Послушайте ж, вы сделайте вот что: квартальный Пуговицын ... он высокого роста, так пусть стоит для благоустройства на мосту.

4 **запропа́ститься** (v.): (plötzlich) verschwinden, abhandenkommen.

11 **подчища́ть** (uv.): reinigen, säubern.

13 f. **пожа́рная труба́:** Feuerspritze.

23 **для благоустро́йства:** der (besseren) Ordnung halber.

Да разметать наскоро старый забор, что возле сапожника, и поставить соломенную веху, чтоб было похоже на планировку. Оно чем больше ломки, тем больше означает деятельности градоправителя. Ах, боже мой! я и позабыл, что возле того забора навалено на сорок телег всякого сору. Что это за скверный город! только где-нибудь поставь какой-нибудь памятник или просто забор – черт их знает откудова и нанесут всякой дряни! *(Вздыхает.)* Да если приезжий чиновник будет спрашивать службу: довольны ли? – чтобы говорили: «Всем довольны, ваше благородие»; а который будет недоволен, то ему после дам такого неудовольствия … О, ох, хо, хо, х! грешен, во многом грешен. *(Берет вместо шляпы футляр.)* Дай только, боже, чтобы сошло с рук поскорее, а там-то я поставлю уж такую свечу, какой еще никто не ставил: на каждую бестию купца

1 **размета́ть** (uv.): hier: wegräumen, wegschaffen.
забо́р: Zaun.
2 **соло́менная ве́ха:** Absperrstange aus Stroh.
3 **планиро́вка:** Einebnen, Planierung.
ло́мка: hier: Abbruch, Abriss.
4 **градоправи́тель:** Stadtoberhaupt, Stadtkommandant; er hatte die Aufsicht über Polizei, Rechtsprechung, Gesundheitswesen usw.
6 **навали́ть** (-ва́лено; v.): anhäufen, aufhäufen.
теле́га: Leiterwagen, Karren.
сор: Unrat; bei einigen maskulinen Substantiven hat sich die Form des Genitivus partitivus (Genitiv des Teils) auf -у oder -ю bis heute erhalten, z. B. много со́ру.
7 **скве́рный:** miserabel, hässlich.
9 **отку́дова** (alt.): woher.
12 **ва́ше благоро́дие:** Euer Wohlgeboren.
15 **футля́р:** Futteral; hier: Hutschachtel.

наложу доставить по три пуда воску. О боже мой, боже мой! Едем, Петр Иванович! *(Вместо шляпы хочет надеть бумажный футляр.)*

Частный пристав. Антон Антонович, это коробка, а не шляпа.

Городничий *(бросая коробку)*. Коробка так коробка. Черт с ней! Да если спросят, отчего не выстроена церковь при богоугодном заведении, на которую назад тому пять лет была ассигнована сумма, то не позабыть сказать, что начала строиться, но сгорела. Я об этом и рапорт представлял. А то, пожалуй, кто-нибудь, позабывшись, сдуру скажет, что она и не начиналась. Да сказать Держиморде, чтобы не слишком давал воли кулакам своим; он, для порядка, всем ставит фонари под глазами – и правому и виноватому. Едем, едем, Петр Иванович! *(Уходит и возвращается.)* Да не выпускать солдат на улицу безо всего: эта дрянная гарниза наденет только сверх рубашки мундир, а внизу ничего нет. *(Все уходят.)*

1 **нало́жи́ть** (v.): auferlegen.
пуд: Pud; altes russisches Gewichtsmaß von 16,38 kg.
воск: Wachs.
4 **коро́бка:** Schachtel.
9 **ассигнова́ть** (uv./v.): anweisen.
12 **сду́ру:** aus Dummheit.
14 **во́ля:** Wille, Freiheit; дать во́лю: freien Lauf lassen.
кула́к (Gen.: -á): Faust.
15 **ста́вить** (uv.) **фонари́ под глаза́ми** (umg.): ein blaues Auge schlagen, grün und blau schlagen; wörtl.: Laternen (Sing.: фона́рь, m.) unter die Augen setzen (bezieht sich auf das bläuliche Licht der alten Kerosinlampen).
16 **пра́вый:** hier: Unschuldiger.
18 **гарни́за:** Garnison.

Явление VI

Анна Андреевна и Марья Антоновна вбегают на сцену.

Анна Андреевна. Где ж, где ж они? Ах, боже мой! … *(Отворяя дверь.)* Муж! Антоша! Антон! *(Говорит скоро.)* А все ты, а всё за тобой. И пошла копаться: «Я булавочку, я косынку.» *(Подбегает к окну и кричит.)* Антон, куда, куда? Что, приехал? ревизор? с усами! с какими усами?

Голос городничего. После, после, матушка!

Анна Андреевна. После? Вот новости – после! Я не хочу после … Мне только одно слово: что он, полковник? А? *(С пренебрежением.)* Уехал! Я тебе вспомню это! А все эта: «Маменька, маменька, погодите, зашпилю сзади косынку; я сейчас.» Вот тебе и сейчас! Вот тебе ничего и не узнали! А все проклятое кокетство; услышала, что почтмейстер здесь, и давай пред зеркалом жеманиться; и с той стороны, и с этой стороны подойдет. Воображает, что он за ней волочится, а он просто тебе делает гримасу, когда ты отвернешься.

5 **копа́ться** (uv.): herumtrödeln, herumkramen.
6 **я була́вочку, я косы́нку:** ich brauche eine Nadel, ein Tüchlein.
12 **пренебреже́ние:** Geringschätzung, Verachtung.
14 **зашпи́лить** (v.): feststecken.
17 **жема́ниться** (uv.): sich zieren; hier: sich affektiert betrachten (жема́нство: Ziererei, Affektiertheit).
18 **подойти́**/подходи́ть (v./uv.): hier: herantreten, sich nähern.
воobража́ть/вообрази́ть (uv./v.): sich vorstellen, sich einbilden.
19 **волочи́ться** (uv.): hier: den Hof machen.
20 **отверну́ться** (v.): hier: sich abwenden, den Rücken kehren.

Марья Антоновна. Да что ж делать, маменька? Всё равно чрез два часа мы всё узнаем.

Анна Андреевна. Чрез два часа! покорнейше благодарю. Вот одолжила ответом! Как ты не догадалась сказать, что чрез месяц еще лучше можно узнать! *(Свешивается в окно.)* Эй, Авдотья! А? Что, Авдотья, ты слышала, там приехал кто-то? … Не слышала? Глупая какая! Машет руками? Пусть машет, а ты все бы таки его расспросила. Не могла этого узнать! В голове чепуха, всё женихи сидят. А? Скоро уехали! да ты бы побежала за дрожками. Ступай, ступай сейчас! Слышишь, побеги расспроси, куда поехали; да расспроси хорошенько: что за приезжий, каков он, – слышишь? Подсмотри в щелку и узнай все, и глаза какие: черные или нет, и сию же минуту возвращайся назад, слышишь? Скорее, скорее, скорее, скорее! *(Кричит до тех пор, пока не опускается занавес. Так занавес и закрывает их обеих, стоящих у окна.)*

1 f. **всё равно́:** sowieso, ohnehin.
2 **чрез** (alt., heute: че́рез): nach, in (einer bestimmten Zeit).
3 **поко́рнейше благодарю́:** danke ergebenst (поко́рный: gehorsam).
4 **одолжи́ть** (v., alt.; + Akk., + Instr.): hier: jdm. mit etw. einen Gefallen erweisen.
4 f. **как ты не догада́лась:** wieso fällt dir nicht ein …
6 **све́шиваться** (uv.): sich hinauslehnen.
10 **жени́х** (Gen.: -á): Freier; Bräutigam, Verlobter.
18 **пока́ не:** bis.
опуска́ться (uv.): heruntergelassen werden, sich senken.

Действие второе

Маленькая комната в гостинице. Постель, стол, чемодан, пустая бутылка, сапоги, платяная щетка и прочее.

Явление I

Осип лежит на барской постели.

Осип. Черт побери, есть так хочется и в животе трескотня такая, как будто бы целый полк затрубил в трубы. Вот не доедем, да и только, домой! Что ты прикажешь делать? Второй месяц пошел, как уже из Питера! Профинтил дорогою денежки, голубчик, теперь сидит и хвост подвернул, и не горячится. А стало бы, и очень бы стало на прогоны; нет, вишь ты, нужно в каждом городе показать себя! *(Дразнит его.)* «Эй, Осип, ступай посмотри комнату, лучшую, да обед спроси самый лучший: я не могу есть дурного обеда, мне нужен

3 **платяно́й:** Kleider-.
6 **ба́рский:** herrschaftlich, dem Herrn gehörig.
8 **трескотня́:** Krachen, Knattern; hier: Bauchgrimmen.
полк: Regiment.
8 f. **затруби́ть** (v.): hineinblasen.
11 f. **профинти́ть** (v., umg.) **доро́гою де́нежки:** unterwegs das ganze Geld verjubeln.
12 **подверну́ть** (v.) **хвост:** den Schwanz einziehen.
13 **горячи́ться** (uv.): sich erhitzen, ereifern.
14 **прого́ны** (Pl.): Fahrgeld (für die Postpferde).
вишь ты (alt.): schau doch, siehst du.
15 **дразни́ть** (uv.): necken; hier: nachäffen.

лучший обед». Добро бы было в самом деле что-нибудь путное, а то ведь елистратишка простой! С проезжающим знакомится, а потом в картишки – вот тебе и доигрался! Эх, надоела такая жизнь! Право, на деревне лучше: оно хоть нет публичности, да и заботности меньше; возьмешь себе бабу, да и лежи весь век на полатях да ешь пироги. Ну, кто ж спорит: конечно, если пойдет на правду, так житье в Питере лучше всего. Деньги бы только были, а жизнь тонкая и политичная: кеятры, собаки тебе танцуют, и все что хочешь. Разговаривает все на тонкой деликатности, что разве только дворянству уступит; пойдешь на Щукин – купцы тебе кричат: «Почтенный!»; на перевозе в лодке с чиновником сядешь; компании захотел – ступай в лавочку: там

2 **пу́тный:** tüchtig, gescheit, nützlich.
елистрати́шка: Verdrehung und Verkleinerung von регистра́тор (Beamter im niedrigsten Zivildienstrang). Osip verwendet gern aus anderen Sprachen übernommene Wörter, entstellt und verdreht sie jedoch.
3 **карти́шки:** Dim. von ка́рты.
4 **догра́ться** (uv.): bis zum (bitteren) Ende spielen.
6 **забо́тность:** Sorgen, Ärger.
ба́ба: Weib, Frau.
7 **пола́ти** (Pl.): Bett, Schlafstelle (unterhalb der Decke in einer Bauernstube).
8 **житьё:** Leben, Lebensart.
10 **кея́тр:** gemeint: теа́тр.
12 **дворя́нство:** Adel (дворяни́н, Pl. -я́не, -я́н: Adliger).
13 **уступи́ть** (v.): hier: nachstehen, zurückstehen hinter.
Щу́кин: Щу́кин двор, ein (im 18. Jh. von dem Kaufmann Ivan Ščukin gegründeter) Markt in St. Petersburg.
14 **почте́нный:** ehrwürdig; hier: gnädiger Herr.
перево́з: Überfahrt.
15 **ла́вочка:** Dim. von ла́вка: Laden, Bude, auch: Wirtshaus.

тебе кавалер расскажет про лагери и объявит, что всякая звезда значит на небе, так вот как на ладони все видишь. Старуха офицерша забредет; горничная иной раз заглянет такая … фу, фу, фу! *(Усмехается и трясет головою.)* Галантерейное, черт возьми, обхождение! Невежливого слова никогда не услышишь, всякой тебе говорит «вы». Наскучило идти – берешь извозчика и сидишь себе как барин, а не хочешь заплатить ему – изволь: у каждого дома есть сквозные ворота, и ты так шмыгнешь, что тебя никакой дьявол не сыщет. Одно плохо: иной раз славно наешься, а в другой чуть не лопнешь с голоду, как теперь, например. А все он виноват. Что с ним сделаешь? Батюшка пришлет денежки, чем бы их попридержать – и куды! … пошел кутить: ездит на

1 **кавале́р:** Kavalier im Sinn von Soldat mit Auszeichnungen.
2 **ладо́нь** (f.): flache Hand, Handfläche; как на ладо́ни: ganz genau (Dim.: ладо́нка).
3 **забрести́** (-бреду́, -ёшь; v.): hereinspazieren, vorbeikommen.
5 **трясти́** (-су́, -ёшь; uv.): schütteln (трясти́сь: zittern, beben).
галантере́йный: Kurzwaren-; hier gemeint: гала́нтный: galant.
6 **обхожде́ние:** Umgang, Verkehr.
неве́жливый: unhöflich.
7 **наску́чить** (v., umg.): langweilig werden, lästig sein.
8 **изво́зчик:** Droschkenkutscher.
10 **сквозны́е воро́та:** Hintertür.
шмыгну́ть (v.): sich schnell davonmachen.
11 **сыска́ть** (сыщу́, сы́щешь; v., umg.): finden.
12 **сла́вный:** hervorragend, ausgezeichnet.
ло́пнуть (v.): platzen.
12 f. **го́лод:** Hunger.
14 **присла́ть** (-шлю́, -ёшь; v.): schicken, senden.
15 **попридержа́ть** (v., umg.): festhalten, (Geld) zusammenhalten.
и куды́: ach woher.
кути́ть/покути́ть (uv./v.): zechen, prassen.

извозчике, каждый день ты доставай в кеятр билет, а там через неделю, глядь – и посылает на толкучий продавать новый фрак. Иной раз все до последней рубашки спустит, так что на нем всего останется сертучишка да шинелишка … Ей-богу, правда! И сукно такое важное, аглицкое! рублев полтораста ему один фрак станет, а на рынке спустит рублей за двадцать; а о брюках и говорить нечего – нипочем идут. А отчего? – оттого, что делом не занимается: вместо того чтобы в должность, а он идет гулять по прешпекту, в картишки играет. Эх, если б узнал это старый барин! Он не посмотрел бы на то, что ты чиновник, а, поднявши рубашонку, таких бы засыпал тебе, что дня б четыре ты почесывался. Коли служить, так служи. Вот теперь трактирщик сказал, что не дам вам есть, пока не заплатите за прежнее; ну, а коли не заплатим? *(Со вздохом.)* Ах, боже ты мой, хоть бы какие-нибудь щи! Кажись, так бы теперь весь свет съел. Стучится; верно, это он идет. *(Поспешно схватывается с постели.)*

2 **толку́чий:** kurz für толку́чий ры́нок: Trödelmarkt.
4 **спусти́ть** (v.): herunterlassen; hier: verschleudern, verscherbeln.
5 **сертучи́шка:** schäbiger Gehrock.
шинели́шка: dürftiges Mäntelchen (шине́ль, f.: Mantel).
6 **агли́цкий:** gemeint: англи́йский.
8 **нипочём** (umg.): fast umsonst, spottbillig.
11 **прешпе́кт:** gemeint: проспе́кт; hier: der Nevskij-Prospekt in Sankt Petersburg.
14 **засы́пать** (v.): zuschütten, überhäufen (mit Schlägen).
почёсываться (uv.): sich kratzen, jucken.
15 **ко́ли** (alt.): wenn.
18 **кажи́сь:** umg. für ка́жется.
19 **стуча́ться** (uv.): klopfen; стучи́тся: es klopft.

Явление II

Осип и Хлестаков.

Хлестаков. На, прими это. *(Отдает фуражку и тросточку.)* А, опять валялся на кровати?

Осип. Да зачем же бы мне валяться? Не видал я разве кровати, что ли?

Хлестаков. Врешь, валялся; видишь, вся склочена.

Осип. Да на что мне она? Не знаю я разве, что такое кровать? У меня есть ноги; я и постою. Зачем мне ваша кровать?

Хлестаков *(ходит по комнате)*. Посмотри, там в картузе табаку нет?

Осип. Да где ж ему быть, табаку? Вы четвертого дня последнее выкурили.

Хлестаков *(ходит и разнообразно сжимает свои губы; наконец говорит громким и решительным голосом)*. Послушай … эй, Осип!

Осип. Чего изволите?

Хлестаков *(громким, но не столь решительным голосом)*. Ты ступай туда.

Осип. Куда?

Хлестаков *(голосом вовсе не решительным и не громким, очень близким к просьбе)*. Вниз, в буфет … Там скажи … чтобы мне дали пообедать.

3 **фура́жка:** Mütze.
4 **тро́сточка:** Dim. von трость (f.): Spazierstock.
валя́ться (uv.): herumliegen, sich wälzen.
7 **склóчный:** hier: zerwühlt.
12 **карту́з:** Säckchen, Beutel.
15 **сжима́ть** (uv.): zusammenpressen.

Осип. Да нет, я и ходить не хочу.

Хлестаков. Как ты смеешь, дурак!

Осип. Да так; все равно, хоть и пойду, ничего из этого не будет. Хозяин сказал, что больше не даст обедать.

Хлестаков. Как он смеет не дать? Вот еще вздор!

Осип. «Еще, говорит, и к городничему пойду; третью неделю барин денег не плотит. Вы-де с барином, говорит, мошенники, и барин твой – плут. Мы-де, говорит, этаких шерамыжников и подлецов видали.»

Хлестаков. А ты уж и рад, скотина, сейчас пересказывать мне все это.

Осип. Говорит: «Этак всякий приедет, обживется, задолжается, после и выгнать нельзя. Я, говорит, шутить не буду, я прямо с жалобою, чтоб на съезжую да в тюрьму.»

Хлестаков. Ну, ну, дурак, полно! Ступай, ступай скажи ему. Такое грубое животное!

Осип. Да лучше я самого хозяина позову к вам.

Хлестаков. На что ж хозяина? Ты поди сам скажи.

2 **сметь** (uv.): wagen.
6 **вздор:** Unsinn.
8 **плоти́ть:** плати́ть.
вы-де: die Partikel -де an Substantiven oder Pronomen kennzeichnet indirekte Rede.
10 **шерамы́жник:** Beutelschneider, Zechpreller.
10 f. **вида́ть** (uv., umg.): (öfter) sehen.
12 **скоти́на:** Rindvieh (Schimpfwort).
14 **обжи́ться** (v., umg.): sich festsetzen, einleben.
15 **задолжа́ться** (v., umg.): sich verschulden, Schulden machen.
16 **съе́зжая** (alt.): Polizeistation.
21 **поди́** (umg.): пойди́.

Осип. Да, право, сударь …

Хлестаков. Ну, ступай, черт с тобой! позови хозяина. *(Осип уходит.)*

Явление III

Хлестаков один.

Хлестаков. Ужасно как хочется есть! Так немножко прошелся, думал, не пройдет ли аппетит, – нет, черт возьми, не проходит. Да, если б в Пензе я не покутил, стало бы денег доехать домой. Пехотный капитан сильно поддел меня: штосы удивительно, бестия, срезывает. Всего каких-нибудь четверть часа посидел – и всё обобрал. А при всем том страх хотелось бы с ним еще раз сразиться. Случай только не привел. Какой скверный городишко! В овошенных лавках ничего не дают в долг. Это уж просто подло.

1 **су́дарь:** (gnädiger) Herr (суда́рыня: gnädige Frau).
7 **пройти́сь** (v.): spazieren gehen.
8 **Пе́нза:** Pensa; Stadt an der Sura, etwa 750 km südöstlich von Moskau.
9 f. **пехо́тный капита́н:** Infanteriehauptmann.
10 **подде́ть** (v.): hier: ausnehmen, hochnehmen.
штос: Stoß (ein Kartenspiel).
11 **сре́зывать** (uv.): hier: abheben (beim Kartenspiel).
12 **обобра́ть** (v.): ausplündern, wegnehmen.
12 f. **страх хоте́лось бы:** ich möchte furchtbar gern (vgl. S. 22: смерть люблю).
13 **срази́ться** (v.): sich schlagen; hier: sich messen.
14 **ово́шенный:** Gemüse-.

(Насвистывает сначала из «Роберта», потом «Не шей ты мне, матушка», а наконец ни се ни то.) Никто не хочет идти.

Явление IV

Хлестаков, Осип и трактирный слуга.

Слуга. Хозяин приказал спросить, что вам угодно?

Хлестаков. Здравствуй, братец! Ну, что ты, здоров?

Слуга. Слава богу.

Хлестаков. Ну что, как у вас в гостинице? хорошо ли все идет?

Слуга. Да, слава богу, все хорошо.

Хлестаков. Много проезжающих?

Слуга. Да, достаточно.

Хлестаков. Послушай, любезный, там мне до сих пор обеда не приносят, так, пожалуйста, поторопи, чтоб поскорее, – видишь, мне сейчас после обеда нужно кое-чем заняться.

Слуга. Да хозяин сказал, что не будет больше отпускать. Он, никак, хотел идти сегодня жаловаться городничему.

Хлестаков. Да что ж жаловаться? Посуди сам, любез-

1 **насви́стывать** (uv., umg.): vor sich hin pfeifen.
»Робе́рт«: die damals populäre romantische Oper *Robert le Diable* von Giacomo Meyerbeer.

1 f. **»Не шей ты мне, ма́тушка«:** aus dem volkstümlichen Lied »Krasnyj sarafan« (»Der rote Sarafan«).

2 **ни сё ни то:** weder dies noch das, d. h. irgendetwas anderes.

18 f. **отпуска́ть** (uv.): hier: hergeben.

ный, как же? ведь мне нужно есть. Этак могу я совсем отощать. Мне очень есть хочется; я не шутя это говорю.

Слуга. Так-с. Он говорил: «Я ему обедать не дам, покамест он не заплатит мне за прежнее.» Таков уж ответ его был.

Хлестаков. Да ты урезонь, уговори его.

Слуга. Да что ж ему такое говорить?

Хлестаков. Ты растолкуй ему сурьезно, что мне нужно есть. Деньги сами собою … Он думает, что, как ему, мужику, ничего, если не поесть день, так и другим тоже. Вот новости!

Слуга. Пожалуй, я скажу.

Явление V

Хлестаков один.

Хлестаков. Это скверно, однако ж, если он совсем ничего не даст есть. Так хочется, как еще никогда не хотелось. Разве из платья что-нибудь пустить в оборот? Штаны, что ли, продать? Нет, уж лучше поголодать, да приехать домой в петербургском

2 **отощáть** (v., umg.): abmagern.
7 **урезóнить** (v., umg.): zur Raison bringen, zur Vernunft bringen.
9 **растолковáть** (v.): erklären.
11 **мужи́к** (Gen.: -á): Bauer.
18 f. **пусти́ть** (v.) **в оборóт:** in Umlauf bringen; hier: versetzen.
19 **штаны́** (Pl.): Beinkleider, Hosen.
20 **поголодáть** (v.): eine Zeitlang hungern.

костюме. Жаль, что Иохим не дал напрокат кареты, а хорошо бы, черт побери, приехать домой в карете, подкатить этаким чертом к какому-нибудь соседу-помещику под крыльцо, с фонарями, а Осипа сзади, одеть в ливрею. Как бы, я воображаю, все переполошились: «Кто такой, что такое?» А лакей входит *(вытягиваясь и представляя лакея)*: «Иван Александрович Хлестаков из Петербурга, прикажете принять?» Они, пентюхи, и не знают, что такое значит «прикажете принять». К ним если приедет какой-нибудь гусь помещик, так и валит, медведь, прямо в гостиную. К дочечке какой-нибудь хорошенькой подойдешь: «Сударыня, как я ...» *(Потирает руки и подшаркивает ножкой.)* Тьфу! *(плюет)* даже тошнит, так есть хочется.

1 **Ио́хим:** Gemeint ist Johann Albert, ein bekannter Petersburger Kutschenbauer, der seine Kutschen auch teuer vermietete.
напрока́т: leihweise.

1 f. **каре́та:** Kutsche.

3 **подкати́ть** (v.): vorfahren.

6 **переполоши́ться** (v., umg.): in Aufregung geraten.

7 **вытя́гиваться**/вы́тянуться (uv./v.): sich strecken, in Positur setzen.

9 **пе́нтюх:** Tölpel, Lümmel.

11 **гусь поме́щик:** ein Esel von Gutsbesitzer; wörtl.: Gänserich.

11 f. **вали́ть** (uv.): hier: hereinplatzen, -tapsen.

14 **потира́ть** (uv.): reiben.
подша́ркивать (uv.): einen Kratzfuß machen.

15 **плева́ть** (плюю́, -ёшь) / плю́нуть (uv./v.): spucken, ausspucken.
тошни́ть (uv., unpers.): übel werden.

Явление VI

Хлестаков, Осип, потом слуга.

Хлестаков. А что?

Осип. Несут обед.

Хлестаков *(прихлопывает в ладоши и слегка подпрыгивает на стуле)*. Несут! несут! несут!

Слуга *(с тарелками и салфеткой)*. Хозяин в последний раз уж дает.

Хлестаков. Ну, хозяин, хозяин … Я плевать на твоего хозяина! Что там такое?

Слуга. Суп и жаркое.

Хлестаков. Как, только два блюда?

Слуга. Только-с.

Хлестаков. Вот вздор какой! я этого не принимаю. Ты скажи ему: что это, в самом деле, такое! … Этого мало.

Слуга. Нет, хозяин говорит, что еще много.

Хлестаков. А соуса почему нет?

Слуга. Соуса нет.

Хлестаков. Отчего же нет? Я видел сам, проходя мимо кухни, там много готовилось. И в столовой сегодня поутру двое каких-то коротеньких человека ели семгу и еще много кой-чего.

Слуга. Да оно-то есть, пожалуй, да нет.

Хлестаков. Как нет?

5 **прихлóпывать** (uv.) **в ладóши:** in die Hände klatschen.
слегкá: leicht, ein wenig.

5 f. **подпры́гивать** (uv.): aufspringen, hochfahren.

11 **жаркóе:** Braten.

Слуга. Да уж нет.

Хлестаков. А семга, а рыба, а котлеты?

Слуга. Да это для тех, которые почище-с.

Хлестаков. Ах ты, дурак!

Слуга. Да-с.

Хлестаков. Поросенок ты скверный … Как же они едят, а я не ем? Отчего же я, черт возьми, не могу так же? Разве они не такие же проезжающие, как и я?

Слуга. Да уж известно, что не такие.

Хлестаков. Какие же?

Слуга. Обнаковенно какие! они уж известно: они деньги платят.

Хлестаков. Я с тобою, дурак, не хочу рассуждать. *(Наливает суп и ест.)* Что это за суп? Ты просто воды налил в чашку: никакого вкусу нет, только воняет. Я не хочу этого супу, дай мне другого.

Слуга. Мы примем-с. Хозяин сказал: коли не хотите, то и не нужно.

Хлестаков *(защищая рукою кушанье)*. Ну, ну, ну … оставь, дурак! Ты привык там обращаться с другими: я, брат, не такого рода! со мной не советую … *(Ест.)* Боже мой, какой суп! *(Продолжает есть.)* Я думаю, еще ни один человек в мире не едал такого супу: какие-то перья плавают вместо масла. *(Режет*

11 **обнакове́нно каки́е:** ganz gewöhnliche (Verdrehung von обыкнове́нно каки́е).
13 **рассужда́ть** (uv.): hier: reden, diskutieren.
14 **налива́ть**/нали́ть (uv./v.): eingießen.
16 **воня́ть** (uv.): übel riechen, stinken.
19 **ку́шанье:** Essen, Gericht (ку́шать, uv.: essen).
24 **ре́зать** (ре́жу, -ешь; uv.): zerschneiden.

курицу.) Ай, ай, ай, какая курица! Дай жаркое! Там супу немного осталось, Осип, возьми себе. *(Режет жаркое.)* Что это за жаркое? Это не жаркое.

Слуга. Да что ж такое?

Хлестаков. Черт его знает, что такое, только не жаркое. Это топор, зажаренный вместо говядины. *(Ест.)* Мошенники, канальи, чем они кормят! И челюсти заболят, если съешь один такой кусок. *(Ковыряет пальцем в зубах.)* Подлецы! Совершенно как деревянная кора, ничем вытащить нельзя; и зубы почернеют после этих блюд. Мошенники! *(Вытирает рот салфеткой.)* Больше ничего нет?

Слуга. Нет.

Хлестаков. Канальи! подлецы! и даже хотя бы какой-нибудь соус или пирожное. Бездельники! дерут только с проезжающих.

(Слуга убирает и уносит тарелки вместе с Осипом.)

7 **топо́р:** Axt, Beil.
8 **кана́лья:** Kanaille, Schurke.
9 **че́люсть** (f.): der Kiefer.
10 **ковыря́ть** (uv., umg.): stochern, bohren.
11 **вы́тащить** (v.): herausholen.
17 **безде́льник:** Nichtstuer, Faulenzer.
драть (деру́, -ёшь; uv.): hier: das Fell abziehen, ausnehmen.

Явление VII

Хлестаков, потом Осип.

Хлестаков. Право, как будто и не ел; только что разохотился. Если бы мелочь, послать бы на рынок и купить хоть сайку.

Осип *(входит)*. Там зачем-то городничий приехал, осведомляется и спрашивает о вас.

Хлестаков *(испугавшись)*. Вот тебе на! Эка бестия трактирщик, успел уже пожаловаться! Что, если в самом деле он потащит меня в тюрьму? Что ж, если благородным образом, я, пожалуй … нет, нет, не хочу! Там в городе таскаются офицеры и народ, а я, как нарочно, задал тону и перемигнулся с одной купеческой дочкой … Нет, не хочу … Да что он, как он смеет в самом деле? Что я ему, разве купец или ремесленник? *(Бодрится и выпрямливается.)* Да я ему прямо скажу: «Как вы смеете, как вы …» *(У дверей вертится ручка; Хлестаков бледнеет и съеживается.)*

4 **разохо́титься** (v.): Lust bekommen; hier: Appetit bekommen.
ме́лочь (f.): Kleingeld.
5 **са́йка:** kleines Weizenbrot, Brötchen.
7 **осведомля́ться**/осве́домиться (uv./v.): sich erkundigen.
8 **испуга́ться** (uv.): erschrecken (испу́г: Schreck).
э́кий (umg.; Kurzform: э́ка): was für ein.
12 **таска́ться** (uv., umg.): sich herumtreiben.
13 **зада́ть** (v.) **то́ну:** (den Ton) angeben.
перемигну́ться (v.): einander Blicke zuwerfen.
16 **реме́слепник:** Handwerker.
бодри́ться (uv.): sich zusammenreißen, ermutigen.
выпря́мливаться (uv.): sich aufrichten.
18 **ру́чка:** hier: (Tür-)Klinke.
19 **съёживаться** (uv.): zusammensinken; wörtl.: sich einigeln.

Явление VIII

Хлестаков, городничий и Добчинский. Городничий, вошед, останавливается. Оба в испуге смотрят несколько минут один на другого, выпучив глаза.

Городничий *(немного оправившись и протянув руки по швам)*. Желаю здравствовать!

Хлестаков *(кланяется)*. Мое почтение …

Городничий. Извините.

Хлестаков. Ничего …

Городничий. Обязанность моя, как градоначальника здешнего города, заботиться о том, чтобы проезжающим и всем благородным людям никаких притеснений …

Хлестаков *(сначала немного заикается, но к концу речи говорит громко)*. Да что ж делать? … Я не виноват … Я, право, заплачу … Мне пришлют из деревни.
(Бобчинский выглядывает из дверей.)
Он больше виноват: говядину мне подает такую твердую, как бревно; а суп – он черт знает чего

4 **вы́пучить** (v.): hier: aufreißen.
5 **опра́виться** (v.): sich fassen.
протяну́ть (v.): ausstrecken.
6 **шов** (Gen.: шва): (Hosen-)Naht.
7 **кла́няться** (uv.): sich verneigen, verbeugen.
почте́ние: Achtung, Ehrerbietung; моё почте́ние: meine Verehrung, ich habe die Ehre.
10 **градонача́льник:** Stadthauptmann, Stadtoberhaupt.
12 f. **притесне́ние:** Unannehmlichkeit.
14 **заика́ться** (uv.): stottern, stammeln.
19 **бревно́:** Holzbalken.

плеснул туда, я должен был выбросить его за окно. Он меня морил голодом по целым дням … Чай такой странный: воняет рыбой, а не чаем. За что ж я … Вот новость!

Городничий *(робея)*. Извините, я, право, не виноват. На рынке у меня говядина всегда хорошая. Привозят холмогорские купцы, люди трезвые и поведения хорошего. Я уж не знаю, откуда он берет такую. А если что не так, то … Позвольте мне предложить вам переехать со мною на другую квартиру.

Хлестаков. Нет, не хочу! Я знаю, что значит на другую квартиру: то есть – в тюрьму. Да какое вы имеете право? Да как вы смеете? … Да вот я … Я служу в Петербурге. *(Бодрится.)* Я, я я …

Городничий *(в сторону)*. О господи ты боже, какой сердитый! Все узнал, всё рассказали проклятые купцы!

Хлестаков *(храбрясь)*. Да вот вы хоть тут со всей своей командой – не пойду! Я прямо к министру! *(Стучит кулаком по столу.)* Что вы? что вы?

Городничий *(вытянувшись и дрожа всем телом)*. Помилуйте, не погубите! Жена, дети маленькие … не сделайте несчастным человека.

1 **плесну́ть** (v.): vergießen; hier: hineinschütten.
2 **мори́ть**/замори́ть (uv./v.): (zu Tode) quälen.
5 **робе́ть**/оробе́ть (uv./v.): schüchtern, zaghaft sein.
7 **холмого́рские купцы́:** gemeint wahrscheinlich: Kaufleute aus Cholmogory, einem Handelsplatz im Gebiet Archangelsk in Nordrussland.
тре́звый: nüchtern.
18 **храбре́ться** (uv.): Mut fassen.
22 **погуби́ть** (v.): vernichten, zugrunde richten.

Хлестаков. Нет, я не хочу! Вот еще! мне какое дело? Оттого, что у вас жена и дети, я должен идти в тюрьму, вот прекрасно!

(Бобчинский выглядывает в дверь и в испуге прячется.)

Нет, благодарю покорно, не хочу.

Городничий *(дрожа)*. По неопытности, ей-богу по неопытности. Недостаточность состояния … Сами извольте посудить: казенного жалованья не хватает даже на чай и сахар. Если ж и были какие взятки, то самая малость: к столу что-нибудь да на пару платья. Что же до унтер-офицерской вдовы, занимающейся купечеством, которую я будто бы высек, то это клевета, ей-богу клевета. Это выдумали злодеи мои; это такой народ, что на жизнь мою готовы покуситься.

Хлестаков. Да что? мне нет никакого дела до них. *(В размышлении.)* Я не знаю, однако ж, зачем вы говорите о злодеях или о какой-то унтер-офицерской вдове … Унтер-офицерская жена совсем другое, а меня вы не смеете высечь, до этого вам далеко … Вот еще! смотри ты какой! … Я заплачу, заплачу деньги, но у меня теперь нет. Я потому и сижу здесь, что у меня нет ни копейки.

7 **нео́пытность:** Unerfahrenheit.
ей-бо́гу: bei Gott.

9 **казённое жа́лованье:** Staatsgehalt, Dienstbezüge (казённый: staatlich; жа́ловать, uv.: belohnen).

14 **клевета́:** Verleumdung.
злоде́й: Verbrecher; hier: Feind.

16 **покуси́ться** (v.; на + Akk.): einen Anschlag verüben.

Городничий *(в сторону)*. О, тонкая штука! Эк куда метнул! какого туману напустил! разбери кто хочет! Не знаешь, с которой стороны и приняться. Ну, да уж попробовать не куды пошло! Что будет, то будет, попробовать на авось. *(Вслух.)* Если вы точно имеете нужду в деньгах или в чем другом, то я готов служить сию минуту. Моя обязанность помогать проезжающим.

Хлестаков. Дайте, дайте мне взаймы! Я сейчас расплачусь с трактирщиком. Мне бы только рублей двести или хоть даже и меньше.

Городничий *(поднося бумажки)*. Ровно двести рублей, хоть и не трудитесь считать.

Хлестаков *(принимая деньги)*. Покорнейше благодарю. Я вам тотчас пришлю их из деревни … у меня это вдруг … Я вижу, вы благородный человек. Теперь другое дело.

Городничий *(в сторону)*. Ну, слава богу! деньги взял. Дело, кажется, пойдет теперь на лад. Я таки ему вместо двухсот четыреста ввернул.

1 **штýка:** hier: Streich, Kunststück.
1 f. **эк кудá метнýл:** darauf ist er aus, darauf hat er abgezielt (метнýть, v.: werfen).
2 **напусти́ть** (v.) **тумáну:** unverständlich reden, blauen Dunst vormachen.
4 **да уж попрóбовать не куды́ пошлó:** aber versuchen muss man es.
5 **на авóсь:** aufs Geratewohl.
9 **взаймы́:** leihweise.
12 **подноси́ть:** (uv.): hertragen, (her)bringen.
бумáжка (umg.): Banknote.
13 **труди́ться** (uv.): hier: sich bemühen.
19 **лад:** Eintracht; идти́ на лад: klappen, klargehen.
20 **вернýть** (v.): zustecken.

Хлестаков. Эй, Осип!

(Осип входит.)

Позови сюда трактирного слугу! *(К городничему и Добчинскому.)* А что же вы стоите? Сделайте милость, садитесь. *(Добчинскому.)* Садитесь, прошу покорнейше.

Городничий. Ничего, мы и так постоим.

Хлестаков. Сделайте милость, садитесь. Я теперь вижу совершенно откровенность вашего нрава и радушие, а то, признаюсь, я уж думал, что вы пришли с тем, чтобы меня … *(Добчинскому.)* Садитесь.

(Городничий и Добчинский садятся. Бобчинский выглядывает в дверь и прислушивается.)

Городничий *(в сторону)*. Нужно быть посмелее. Он хочет, чтобы считали его инкогнитом. Хорошо, подпустим и мы турусы: прикинемся, как будто совсем и не знаем, что он за человек. *(Вслух.)* Мы, прохаживаясь по делам должности, вот с Петром Ивановичем Добчинским, здешним помещиком, зашли нарочно в гостиницу, чтобы осведомиться, хорошо ли содержатся проезжающие, потому что я не так, как иной городничий, которому ни до чего дела нет; но я, я, кроме должности, еще по христианскому человеколюбию хочу, чтоб всякому смертному оказывался хороший прием, – и вот, как

9 **откровéнность:** Aufrichtigkeit.
нрав: Charakter.
радýшие: Gastfreundschaft.
16 **подпусти́ть** (v.): hinzutun, beigeben.
турýсы (Pl.): leeres Geschwätz.
прики́нуться (v., umg.): so tun als ob, sich den Anschein geben.
25 **смéртный:** sterblich, Sterblicher.
приём: Empfang, Aufnahme.

будто в награду случай доставил такое приятное знакомство.

Хлестаков. Я тоже сам очень рад. Без вас я, признаюсь, долго бы просидел здесь: совсем не знал, чем заплатить.

Городничий *(в сторону)*. Да, рассказывай, не знал, чем заплатить! *(Вслух.)* Осмелюсь ли спросить: куда и в какие места ехать изволите?

Хлестаков. Я еду в Саратовскую губернию, в собственную деревню.

Городничий *(в сторону, с лицом, принимающим ироническое выражение)*. В Саратовскую губернию! А? и не покраснеет! О, да с ним нужно ухо востро. *(Вслух.)* Благое дело изволили предпринять. Ведь вот относительно дороги: говорят, с одной стороны, неприятности насчет задержки лошадей, а ведь, с другой стороны, развлеченье для ума. Ведь вы, чай, больше для собственного удовольствия едете?

Хлестаков. Нет, батюшка меня требует. Рассердился старик, что до сих пор ничего не выслужил в Петербурге. Он думает, что так вот приехал да сейчас тебе Владимира в петлицу и дадут. Нет, я бы послал его самого потолкаться в канцелярию.

1 **в награ́ду:** zur Belohnung (награди́ть, v.: belohnen).
7 **осме́литься**/осме́ливаться (v./uv.): sich erlauben, gestatten.
14 **благо́й:** vortrefflich, gut.
16 **заде́ржка:** Verzögerung, Aufenthalt.
17 **чай** (umg.): vermutlich, wohl.
20 **вы́служить** (v., umg.): sich hochdienen.
22 **Влади́мир:** Orden des hl. Vladimir vierten Grades, der für langjährige zivile Dienste verliehen wurde.
23 **потолка́ться** (v., umg.): sich eine Weile herumtreiben (толка́ться, uv.: sich drängen, stoßen).

Городничий *(в сторону)*. Прошу посмотреть, какие пули отливает! и старика отца приплел! *(Вслух.)* И на долгое время изволите ехать?

Хлестаков. Право, не знаю. Ведь мой отец упрям и глуп, старый хрен, как бревно. Я ему прямо скажу: как хотите, я не могу жить без Петербурга. За что ж, в самом деле, я должен погубить жизнь с мужиками? Теперь не те потребности; душа моя жаждет просвещения.

Городничий *(в сторону)*. Славно завязал узелок! Врет, врет – и нигде не оборвется! А ведь какой невзрачный, низенький, кажется, ногтем бы придавил его. Ну, да постой, ты у меня проговоришься. Я тебя уж заставлю побольше рассказать! *(Вслух.)* Справедливо изволили заметить. Что можно сделать в глуши? Ведь вот хоть бы здесь: ночь не спишь, стараешься для отечества, не жалеешь ничего, а награда неизвестно еще когда будет. *(Окидывает*

2 **пу́ли отлива́ть** (uv., umg.): lügen, aufschneiden, groß daherschwatzen; wörtl.: Kugeln gießen.
приплести́ (-плёл, -плела́; v.): einflechten, hinzufügen.
5 **ста́рый хрен** (umg.): alter Knochen, alter Kerl; wörtl.: alter Meerrettich.
9 **жа́ждать** (uv.; + Gen.): nach etw. dürsten, verlangen.
10 **завяза́ть узело́к:** den Knoten schürzen.
11 **оборва́ться** (v.): abbrechen, aufhören.
11 f. **невзра́чный:** unansehnlich.
12 **но́гтем бы придави́л его:** man könnte ihn mit dem Fingernagel zerquetschen (придави́ть, v.: zusammenpressen).
13 **проговори́ться** (v.): sich verplaudern, alles ausplaudern.
15 f. **глушь** (f.): Einöde, Abgeschiedenheit.
17 **оте́чество:** Vaterland.
жале́ть (uv.): hier: schonen.
18 f. **оки́дывать** (uv.) **глаза́ми:** überblicken, mustern.

глазами комнату.) Кажется, эта комната несколько сыра?

Хлестаков. Скверная комната, и клопы такие, каких я нигде не видывал: как собаки кусают.

Городничий. Скажите! такой просвещенный гость, и терпит – от кого же? – от каких-нибудь негодных клопов, которым бы и на свет не следовало родиться. Никак, даже темно в этой комнате?

Хлестаков. Да, совсем темно. Хозяин завел обыкновение не отпускать свечей. Иногда что-нибудь хочется сделать, почитать или придет фантазия сочинить что-нибудь, – не могу: темно, темно.

Городничий. Осмелюсь ли просить вас … но нет, я недостоин.

Хлестаков. А что?

Городничий. Нет, нет, недостоин, недостоин!

Хлестаков. Да что ж такое?

Городничий. Я бы дерзнул … У меня в доме есть прекрасная для вас комната, светлая, покойная … Но нет, чувствую сам, это уж слишком большая честь … Не рассердитесь – ей-богу, от простоты души предложил.

Хлестаков. Напротив, извольте, я с удовольствием. Мне гораздо приятнее в приватном доме, чем в этом кабаке.

3 **клоп:** Wanze.
5 **просвещённый:** gebildet.
6 **негóдный:** erbärmlich, nichtsnutzig.
11 f. **сочини́ть** (v.): verfassen, schreiben (сочини́тель: Verfasser; сочинéние: Werk).
18 **дерзну́ть** (v.): wagen, sich erdreisten.

Городничий. А уж я так буду рад! А уж как жена обрадуется! У меня уже такой нрав: гостеприимство с самого детства, особливо если гость просвещенный человек. Не подумайте, чтобы я говорил это из лести; нет, не имею этого порока, от полноты души выражаюсь.

Хлестаков. Покорно благодарю. Я сам тоже – я не люблю людей двуличных. Мне очень нравится ваша откровенность и радушие, и я бы, признаюсь, больше бы ничего и не требовал, как только оказывай мне преданность и уваженье, уваженье и преданность.

Явление IX

Те же и трактирный слуга, сопровождаемый Осипом. Бобчинский выглядывает в дверь.

Слуга. Изволили спрашивать?

Хлестаков. Да; подай счет.

Слуга. Я уж давича подал вам другой счет.

Хлестаков. Я уж не помню твоих глупых счетов. Говори, сколько там?

Слуга. Вы изволили в первый день спросить обед, а на

2 **гостеприи́мство:** Gastfreundlichkeit.
5 **лесть** (f.): Schmeichelei.
поро́к: Laster.
8 **двули́чный:** doppelzüngig, heuchlerisch; wörtl.: zweigesichtig, janusköpfig.
11 **пре́данность:** Ergebenheit.
18 **да́вича** (heute: да́веча): vorhin, eben erst.

другой день только закусили семги и потом пошли всё в долг брать.

Хлестаков. Дурак! еще начал высчитывать. Всего сколько следует?

Городничий. Да вы не извольте беспокоиться, он подождет. *(Слуге.)* Пошел вон, тебе пришлют.

Хлестаков. В самом деле, и то правда. *(Прячет деньги.)*

(Слуга уходит. В дверь выглядывает Бобчинский.)

Явление X

Городничий, Хлестаков, Добчинский.

Городничий. Не угодно ли будет вам осмотреть теперь некоторые заведения в нашем городе, как-то – богоугодные и другие?

Хлестаков. А что там такое?

Городничий. А так, посмотрите, какое у нас течение дел … порядок какой …

Хлестаков. С большим удовольствием, я готов.

(Бобчинский выставляет голову в дверь.)

Городничий. Также, если будет ваше желание, оттуда в уездное училище, осмотреть порядок, в каком преподаются у нас науки.

Хлестаков. Извольте, извольте.

Городничий. Потом, если пожелаете посетить острог

7 **пря́тать** (uv.): hier: wegstecken, einstecken.
15 **тече́ние:** hier: Verlauf, Ablauf.
20 **уе́здное учи́лище:** Kreisschule.
23 **остро́г** (alt.): Gefängnis, Zuchthaus.

и городские тюрьмы – рассмотрите, как у нас содержатся преступники.

Хлестаков. Да зачем же тюрьмы? Уж лучше мы обсмотрим богоугодные заведения.

Городничий. Как вам угодно. Как вы намерены: в своем экипаже или вместе со мною на дрожках?

Хлестаков. Да, я лучше с вами на дрожках поеду.

Городничий *(Добчинскому)*. Ну, Петр Иванович, вам теперь нет места.

Добчинский. Ничего, я так.

Городничий *(тихо Добчинскому)*. Слушайте: вы побегите, да бегом, во все лопатки, и снесите две записки: одну в богоугодное заведение Землянике, а другую жене. *(Хлестакову.)* Осмелюсь ли я попросить позволения написать в вашем присутствии одну строчку к жене, чтоб она приготовилась к принятию почтенного гостя?

Хлестаков. Да зачем же? … А впрочем, тут и чернила, только бумаги – не знаю … Разве на этом счете?

Городничий. Я здесь напишу. *(Пишет и в то же время говорит про себя.)* А вот посмотрим, как пойдет дело после фриштика да бутылки толстобрюшки! Да есть у нас губернская мадера: неказиста на вид, а слона повалит с ног. Только бы мне узнать, что он такое и в какой мере нужно его опасаться. *(Написавши,*

12 **во все лопа́тки** (umg.): so schnell es geht.
22 **фри́штик:** Frühstück (eines von vielen deutschen Lehnwörtern im Russischen; heute ungebräuchlich).
буты́лка толстобрю́шка: dickbäuchige Flasche.
23 **губе́рнская маде́ра:** Madeira aus unserem Gouvernement.
некази́стый: unansehnlich, unschön.
24 **повали́ть** (v.): umwerfen.
25 **опаса́ться** (uv.; + Gen.): sich vor jdm./etw. hüten, in acht nehmen.

отдает Добчинскому, который подходит к двери, но в это время дверь обрывается и подслушивавший с другой стороны Бобчинский летит вместе с нею на сцену. Все издают восклицания. Бобчинский подымается.)

Хлестаков. Что? не ушиблись ли вы где-нибудь?

Бобчинский. Ничего, ничего-с, без всякого-с помешательства, только сверх носа небольшая нашлепка! Я забегу к Христиану Ивановичу: у него-с есть пластырь такой, так вот оно и пройдет.

Городничий *(делая Бобчинскому укорительный знак, Хлестакову)*. Это-с ничего. Прошу покорнейше, пожалуйте! А слуге вашему я скажу, чтобы перенес чемодан. *(Осипу.)* Любезнейший, ты перенеси все ко мне, к городничему, – тебе всякий покажет. Прошу покорнейше! *(Пропускает вперед Хлестакова и следует за ним, но, оборотившись, говорит с укоризной Бобчинскому)*. Уж и вы! не нашли другого места упасть! И растянулся, как черт знает что такое. *(Уходит; за ним Бобчинский.)*

(Занавес опускается.)

2 **обрыва́ться** (uv.): zusammenbrechen.
подслу́шивать (uv.): horchen, lauschen.
7 f. **помеша́тельство:** Irrsinn; hier: Schaden.
8 f. **нашлёпка:** Beule, blauer Fleck.
10 **пла́стырь** (m.): Pflaster.
11 **укори́тельный:** vorwurfsvoll (укори́зна: Vorwurf, Tadel).
17 **обороти́ться** (v.): sich umdrehen.
19 **растяну́ться** (v.): der Länge nach hinschlagen.

Действие третье

Комната первого действия.

Явление I

Анна Андреевна, Марья Антоновна стоят у окна в тех же самых положениях.

Анна Андреевна. Ну вот, уж целый час дожидаемся, а все ты с своим глупым жеманством: совершенно оделась, нет, еще нужно копаться … Было бы не слушать ее вовсе. Экая досада! как нарочно, ни души! как будто бы вымерло все.

Марья Антоновна. Да, право, маменька, чрез минуты две всё узнаем. Уж скоро Авдотья должна прийти. *(Всматривается в окно и вскрикивает.)* Ах, маменька, маменька! кто-то идет, вон в конце улицы.

Анна Андреевна. Где идет? У тебя вечно какие-нибудь фантазии. Ну да, идет. Кто же это идет? Небольшого роста … во фраке … Кто ж это? а? Это, однако ж, досадно! Кто ж бы это такой был?

Марья Антоновна. Это Добчинский, маменька.

Анна Андреевна. Какой Добчинский? Тебе всегда вдруг вообразится этакое … Совсем не Добчинский. *(Машет платком.)* Эй вы, ступайте сюда! скорее!

9 **доса́да:** Ärger (доса́дный: ärgerlich).
10 **вы́мереть** (v.): aussterben.
14 **вон:** hier: dort.

Марья Антоновна. Право, маменька, Добчинский.

Анна Андреевна. Ну вот, нарочно, чтобы только поспорить. Говорят тебе – не Добчинский.

Марья Антоновна. А что? а что, маменька? Видите, что Добчинский.

Анна Андреевна. Ну да, Добчинский, теперь я вижу, – из чего же ты споришь? *(Кричит в окно.)* Скорей, скорей! вы тихо идете. Ну что, где они? А? Да говорите же оттуда – все равно. Что? очень строгий? А? А муж, муж? *(Немного отступя от окна, с досадою.)* Такой глупый: до тех пор, пока не войдет в комнату, ничего не расскажет!

Явление II

Те же и Добчинский.

Анна Андреевна. Ну, скажите, пожалуйста: ну, не совестно ли вам? Я на вас одних полагалась, как на порядочного человека: все вдруг выбежали, и вы туда ж за ними! и я вот ни от кого до сих пор толку не доберусь. Не стыдно ли вам? Я у вас крестила вашего Ванечку и Лизаньку, а вы вот как со мною поступили!

Добчинский. Ей-богу, кумушка, так бежал засвиде-

15 f. **не со́вестно ли вам?:** Schämen Sie sich nicht?
16 **полага́ться** (uv.; на + Akk.): auf jdn. vertrauen, sich verlassen.
18 **толк:** Sinn.
19 **крести́ть** (uv.): hier: aus der Taufe heben, Taufpatin sein.

тельствовать почтение, что не могу духу перевесть. Мое почтение, Марья Антоновна!

Марья Антоновна. Здравствуйте, Петр Иванович!

Анна Андреевна. Ну что? Ну, рассказывайте: что и как там?

Добчинский. Антон Антонович прислал вам записочку.

Анна Андреевна. Ну, да кто он такой? генерал?

Добчинский. Нет, не генерал, а не уступит генералу: такое образование и важные поступки-с.

Анна Андреевна. А! так это тот самый, о котором было писано мужу.

Добчинский. Настоящий. Я это первый открыл вместе с Петром Ивановичем.

Анна Андреевна. Ну, расскажите: что и как?

Добчинский. Да, слава богу, все благополучно. Сначала он принял было Антона Антоновича немного сурово, да-с; сердился и говорил, что и в гостинице все нехорошо, и к нему не поедет, и что он не хочет сидеть за него в тюрьме; но потом, как узнал невинность Антона Антоновича и как покороче разговорился с ним, тотчас переменил мысли, и, слава богу, все пошло хорошо. Они теперь поехали осматривать богоугодные заведения … А то, признаюсь, уже Антон Антонович думали, не было ли тайного доноса; я сам тоже перетрухнул немножко.

Анна Андреевна. Да вам-то чего бояться? ведь вы не служите.

1 f. **ду́ху переве́сть** (v.): Atem holen.
15 **багополу́чный:** glücklich, gelungen, erfolgreich (благополу́чие).
25 **перетрухну́ть** (v.): es mit der Angst zu tun bekommen.

Добчинский. Да так, знаете, когда вельможа говорит, чувствуешь страх.

Анна Андреевна. Ну, что ж … это все, однако ж, вздор. Расскажите, каков он собою? что, стар или молод?

Добчинский. Молодой, молодой человек; лет двадцати трех; а говорит совсем так, как старик: «Извольте, говорит, я поеду и туда, и туда …» *(размахивает руками)* так это все славно. «Я, говорит, и написать и почитать люблю, но мешает, что в комнате, говорит, немножко темно.»

Анна Андреевна. А собой каков он: брюнет или блондин?

Добчинский. Нет, больше шантрет, и глаза такие быстрые, как зверки, так в смущенье даже приводят.

Анна Андреевна. Что тут пишет он мне в записке? *(Читает.)* «Спешу тебя уведомить, душенька, что состояние мое было весьма печальное, но, уповая на милосердие божие, за два соленые огурца особенно и полпорции икры рубль двадцать пять копеек …» *(Останавливается.)* Я ничего не понимаю: к чему же тут соленые огурцы и икра?

Добчинский. А, это Антон Антонович писали на черновой бумаге по скорости: там какой-то счет был написан.

1 **вельмо́жа** (alt.): Würdenträger.
7 f. **разма́хивать** (uv.) **рука́ми:** gestikulieren.
13 **шантре́т** (Subst., alt.): dunkelblond.
14 **зверёк:** Tierchen, kleines Tier.
16 **ду́шенька:** Herzchen, mein Liebes.
17 f. **упова́ть** (uv.) **на милосе́рдие бо́жие:** auf die Barmherzigkeit Gottes vertrauen.
18 **солёный огуре́ц:** Salzgurke.
22 f. **чернова́я бума́га:** Notizzettel.

Анна Андреевна. А, да, точно. *(Продолжает читать.)* «Но, уповая на милосердие божие, кажется, все будет к хорошему концу. Приготовь поскорее комнату для важного гостя, ту, что выклеена желтыми бумажками; к обеду прибавлять не трудись, потому что закусим в богоугодном заведении у Артемия Филипповича, а вина вели побольше; скажи купцу Абдулину, чтобы прислал самого лучшего, а не то я перерою весь его погреб. Целуя, душенька, твою ручку, остаюсь твой: Антон Сквозник-Дмухановский …» Ах, боже мой! Это, однако ж, нужно поскорей! Эй, кто там? Мишка!

Добчинский *(бежит и кричит в дверь)*, Мишка! Мишка! Мишка!

(Мишка входит.)

Анна Андреевна. Послушай: беги к купцу Абдулину, постой, я дам тебе записочку *(садится к столу, пишет записку и между тем говорит)*: эту записку ты отдай кучеру Сидору, чтоб он побежал с нею к купцу Абдулину и принес оттуда вина. А сам поди сейчас прибери хорошенько эту комнату для гостя. Там поставить кровать, рукомойник и прочее.

Добчинский. Ну, Анна Андреевна, я побегу теперь поскорее посмотреть, как там он обозревает.

Анна Андреевна. Ступайте, ступайте! я не держу вас.

4 **вы́клеена жёлтыми бума́жками:** mit gelben Tapeten beklebt.
8 **перері́ть** (-ро́ю, -ешь; v.): umgraben, durchwühlen.
9 **по́греб:** Keller.
21 **прибра́ть** (v.): aufräumen, herrichten.
22 **рукомо́йник:** Waschtisch.
24 **обозрева́ть** (uv.): besichtigen, Besichtigung vornehmen.

Явление III

Анна Андреевна и Марья Антоновна.

Анна Андреевна. Ну, Машенька, нам нужно теперь заняться туалетом. Он столичная штучка: боже сохрани, чтобы чего-нибудь не осмеял. Тебе приличнее всего надеть твое голубое платье с мелкими оборками.

Марья Антоновна. Фи, маменька, голубое! Мне совсем не нравится: и Ляпкина-Тяпкина ходит в голубом, и дочь Земляники тоже в голубом. Нет, лучше я надену цветное.

Анна Андреевна. Цветное! … Право, говоришь – лишь бы только наперекор. Оно тебе будет гораздо лучше, потому что я хочу надеть палевое; я очень люблю палевое.

Марья Антоновна. Ах, маменька, вам нейдет палевое!

Анна Андреевна. Мне палевое нейдет?

Марья Антоновна. Нейдет, я что угодно даю, нейдет: для этого нужно, чтобы глаза были совсем темные.

Анна Андреевна. Вот хорошо! а у меня глаза разве не темные? самые темные. Какой вздор говорит! Как же не темные, когда я и гадаю про себя всегда на трефовую даму?

5 **осмея́ть** (v.): auslachen.
6 f. **ме́лкие обо́рки:** kleine Falbeln, Volants.
12 f. **лишь бы то́лько наперекóр:** nur um zu widersprechen, nur zum Trotz.
14 **па́левый:** hellgelb, strohgelb.
18 **нейдёт** (не идёт): steht nicht.
23 **тре́фовая да́ма:** Treff-Dame, Kreuz-Dame.

Марья Антоновна. Ах, маменька! вы больше червонная дама.

Анна Андреевна. Пустяки, совершенные пустяки! Я никогда не была червонная дама. *(Поспешно уходит вместе с Марьей Антоновной и говорит за сценою.)* Этакое вдруг вообразится! червонная дама! Бог знает что такое!

(По уходе их отворяются двери, и Мишка выбрасывает из них сор. Из других дверей выходит Осип с чемоданом на голове.)

Явление IV

Мишка и Осип.

Осип. Куда тут?

Мишка. Сюда, дядюшка, сюда!

Осип. Постой, прежде дай отдохнуть. Ах ты, горемычное житье! На пустое брюхо всякая ноша кажется тяжела.

Мишка. Что, дядюшка, скажите: скоро будет генерал?

Осип. Какой генерал?

Мишка. Да барин ваш.

Осип. Барин? Да какой он генерал?

1 f. **черво́нная да́ма:** Herz-Dame; vgl. черво́нный (leuchtend rot) und черво́нка (Herz im Kartenspiel).
3 **пустяки́:** Unsinn.
9 **сор:** Abfall, Kehricht.
14 **дя́дюшка:** Onkelchen.
15 f. **горемы́чный:** kümmerlich, armselig.
16 **но́ша:** Last.

Мишка. А разве не генерал?

Осип. Генерал, да только с другой стороны.

Мишка. Что ж, это больше или меньше настоящего генерала?

Осип. Больше.

Мишка. Вишь ты как! то-то у нас сумятицу подняли.

Осип. Послушай, малый: ты, я вижу, проворный парень; приготовь-ка там что-нибудь поесть.

Мишка. Да для вас, дядюшка, еще ничего не готово. Простова блюда вы не будете кушать, а вот как барин ваш сядет за стол, так и вам того же кушанья отпустят.

Осип. Ну, а простова-то что у вас есть?

Мишка. Щи, каша да пироги.

Осип. Давай их, щи, кашу и пироги! Ничего, всё будем есть. Ну, понесем чемодан! Что, там другой выход есть?

Мишка. Есть.

(Оба несут чемодан в боковую комнату.)

Явление V

Квартальные отворяют обе половинки дверей. Входит Хлестаков; за ним городничий, далее попечитель богоугодных заведений, смотритель училищ, Добчинский и Бобчинский с пластырем на носу. Городничий указывает квартальным на полу бумажку – они бегут и снимают ее, толкая друг друга впопыхах.

6 **сумя́тица:** Durcheinander, Wirrwarr.
7 **прово́рный:** pfiffig.
19 **боково́й:** seitlich, danebenliegend.

Хлестаков. Хорошие заведения. Мне нравится, что у вас показывают проезжающим все в городе. В других городах мне ничего не показывали.

Городничий. В других городах, осмелюсь доложить вам, градоправители и чиновники больше заботятся о своей, то есть, пользе. А здесь, можно сказать, нет другого помышления, кроме того, чтобы благочинием и бдительностью заслужить внимание начальства.

Хлестаков. Завтрак был очень хорош; я совсем объелся. Что, у вас каждый день бывает такой?

Городничий. Нарочно для такого приятного гостя.

Хлестаков. Я люблю поесть. Ведь на то живешь, чтобы срывать цветы удовольствия. Как называлась эта рыба?

Артемий Филиппович *(подбегая)*. Лабардан-с.

Хлестаков. Очень вкусная. Где это мы завтракали? в больнице, что ли?

Артемий Филиппович. Так точно-с, в богоугодном заведении.

Хлестаков. Помню, помню, там стояли кровати. А больные выздоровели? там их, кажется, немного.

Артемий Филиппович. Человек десять осталось, не больше; а прочие все выздоровели. Это уж так устроено, такой порядок. С тех пор как я принял начальство, – может быть, вам покажется даже не-

4 **доложи́ть** (v.): hinzufügen, bemerken, berichten.
7 **помышле́ние:** Gedanke, Absicht.
7 f. **благочи́ние:** Wohlverhalten, Anstand.
8 **бди́тельность:** Sorgsamkeit, Wachsamkeit.
16 **Лабарда́н:** Laberdan; in Salzlake eingelegter Kabeljau.

вероятным, – все как мухи выздоравливают. Больной не успеет войти в лазарет, как уже здоров; и не столько медикаментами, сколько честностью и порядком.

Городничий. Уж на что, осмелюсь доложить вам, головоломна обязанность градоначальника! Столько лежит всяких дел, относительно одной чистоты, починки, поправки … словом, наиумнейший человек пришел бы в затруднение, но, благодарение богу, все идет благополучно. Иной городничий, конечно, радел бы о своих выгодах; но, верите ли, что, даже когда ложишься спать, все думаешь: «Господи боже ты мой, как бы так устроить, чтобы начальство увидело мою ревность и было довольно? …» Наградит ли оно, или нет – конечно, в его воле; по крайней мере, я буду спокоен в сердце. Когда в городе во всем порядок, улицы выметены, арестанты хорошо содержатся, пьяниц мало … то чего ж мне больше? Ей-ей, и почестей никаких не хочу. Оно, конечно, заманчиво, но пред добродетелью всё прах и суета.

Артемий Филиппович *(в сторону)*. Эка, бездельник, как расписывает! Дал же бог такой дар!

2 **лазаре́т:** Lazarett.
6 **головоло́мный:** Kopfzerbrechen bereitend.
8 **почи́нка:** Reparatur.
попра́вка: Instandsetzung.
11 **раде́ть** (uv.): sich eifrig bemühen.
вы́года: Vorteil.
14 **ре́вность:** hier: Eifer.
19 **по́честь** (f.): Auszeichnung, Ehrung.
20 **зама́нчивый:** verlockend.
прах и суета́: eitel und nichtig; wörtl: Staub und Eitelkeit.
22 **распи́сывать** (uv.): ausmalen, schwadronieren.

Хлестаков. Это правда. Я, признаюсь, сам люблю иногда заумствоваться: иной раз прозой, а в другой и стишки выкинутся.

Бобчинский *(Добчинскому)*. Справедливо, все справедливо, Петр Иванович! Замечания такие … видно, что наукам учился.

Хлестаков. Скажите, пожалуйста, нет ли у вас каких-нибудь развлечений, обществ, где бы можно было, например, поиграть в карты?

Городничий *(в сторону)*. Эге, знаем, голубчик, в чей огород камешки бросают! *(Вслух.)* Боже сохрани! здесь и слуху нет о таких обществах. Я карт и в руки никогда не брал; даже не знаю, как играть в эти карты. Смотреть никогда не мог на них равнодушно; и если случится увидеть этак какого-нибудь бубнового короля или что-нибудь другое, то такое омерзение нападет, что просто плюнешь. Раз как-то случилось, забавляя детей, выстроил будку из карт, да после того всю ночь снились проклятые. Бог с ними! Как можно, чтобы такое драгоценное время убивать на них?

Лука Лукич *(в сторону)*. А у меня, подлец, выпонтировал вчера сто рублей.

2 **заýмствоваться** (v.): philosophieren, sinnieren.
3 **стишки́:** Dim. von стихи́.
вы́кинуться (v.): hier: entstehen, herauskommen.
10 f. **в чей огоро́д ка́мешки броса́ют** (umg.): worauf abgezielt wird; wörtl.: in wessen Garten man Steinchen wirft.
15 f. **бубно́вый коро́ль:** Karo-König (Spielkarte).
17 **омерзе́ние:** Ekel.
18 **забавля́ть** (uv.): erheitern, belustigen (заба́вный).
22 f. **вы́понтировать** (v., alt.): abgewinnen; wörtl.: Punkte machen (von frz. *points*).

Городничий. Лучше ж я употреблю это время на пользу государственную.

Хлестаков. Ну, нет, вы напрасно, однако же … Все зависит от той стороны, с которой кто смотрит на вещь. Если, например, забастуешь тогда, как нужно гнуть от трех углов … ну, тогда конечно … Нет, не говорите, иногда очень заманчиво поиграть.

Явление VI

Те же, Анна Андреевна и Марья Антоновна.

Городничий. Осмелюсь представить семейство мое: жена и дочь.

Хлестаков *(раскланиваясь)*. Как я счастлив, сударыня, что имею в своем роде удовольствие вас видеть.

Анна Андреевна. Нам еще более приятно видеть такую особу.

Хлестаков *(рисуясь)*. Помилуйте, сударыня, совершенно напротив: мне еще приятнее.

Анна Андреевна. Как можно-с! Вы это так изволите говорить, для комплимента. Прошу покорно садиться.

5 **забастова́ть** (v.): streiken; hier: (im Spiel) passen.
6 **гнуть** (uv.) **от трёх угло́в:** den Einsatz verdreifachen; wörtl.: (die Karte) an drei Ecken umbiegen (ein alter Brauch beim Hasardspiel).
12 **раскла́ниваться** (uv.): sich verneigen.
13 **в своём ро́де** (umg.): besonderer Art.
15 **осо́ба:** Person, Persönlichkeit.
16 **рисова́ться** (uv.): sich geziert verhalten.

Хлестаков. Возле вас стоять уже есть счастие; впрочем, если вы так уже непременно хотите, я сяду. Как я счастлив, что наконец сижу возле вас.

Анна Андреевна. Помилуйте, я никак не смею принять на свой счет … Я думаю, вам после столицы вояжировка показалась очень неприятною.

Хлестаков. Чрезвычайно неприятна. Привыкши жить comprenez vous, в свете, и вдруг очутиться в дороге: грязные трактиры, мрак невежества … Если б, признаюсь, не такой случай, который меня … *(посматривает на Анну Андреевну и рисуется перед ней)* так вознаградил за всё …

Анна Андреевна. В самом деле, как вам должно быть неприятно.

Хлестаков. Впрочем, сударыня, в эту минуту мне очень приятно.

Анна Андреевна. Как можно-с! Вы делаете много чести. Я этого не заслуживаю.

Хлестаков. Отчего же не заслуживаете? Вы, сударыня, заслуживаете.

Анна Андреевна. Я живу в деревне …

Хлестаков. Да деревня, впрочем, тоже имеет свои пригорки, ручейки … Ну, конечно, кто же сравнит

2 **непреме́нно:** unbedingt.
6 **вояжиро́вка:** Reise (von frz. *voyage*).
8 **comprenez vous:** (frz.) verstehen Sie, wissen Sie.
свет: hier: die große Welt, höhere Gesellschaft (**све́тский:** weltgewandt, welterfahren).
очути́ться (v.): hingeraten, sich befinden.
9 **неве́жество:** Unwissenheit.
12 **вознагради́ть** (v.): entschädigen.
23 **приго́рок:** Hügel.

с Петербургом! Эх, Петербург! что за жизнь, право! Вы, может быть, думаете, что я только переписываю; нет, начальник отделения со мной на дружеской ноге. Этак ударит по плечу: «Приходи, братец, обедать!» Я только на две минуты захожу в департамент, с тем только, чтобы сказать: «Это вот так, это вот так!» А там уж чиновник для письма, этакая крыса, пером только – тр, тр … пошел писать. Хотели было даже меня коллежским асессором сделать, да, думаю, зачем. И сторож летит еще на лестнице за мною со щеткою: «Позвольте, Иван Александрович, я вам, говорит, сапоги почищу.» *(Городничему.)* Что вы, господа, стоите? Пожалуйста, садитесь!

Городничий. Чин такой, что еще можно постоять.
Артемий Филиппович. Мы постоим.
Лука Лукич. Не извольте беспокоиться!
(вместе)

Хлестаков. Без чинов, прошу садиться.
(Городничий и все садятся.)
Я не люблю церемонии. Напротив, я даже стараюсь всегда проскользнуть незаметно. Но никак нельзя скрыться, никак нельзя! Только выйду куда-нибудь, уж и говорят: «Вон, говорят, Иван Александрович идет!» А один раз меня приняли даже за главнокомандующего: солдаты выскочили из гауптвахты и сделали ружьем. После уже офи-

5 **департа́мент:** Departement; hier: Amt.
9 **колле́жский асе́ссор:** Kollegienassessor; Beamter im achten und damit mittleren Rang.
21 **проскользну́ть** (v.): durchschlüpfen.
26 **гауптва́хта:** Hauptwache (Lehnwort aus dem Deutschen).
сде́лать (v.) **ружьём:** das Gewehr präsentieren.

цер, который мне очень знаком, говорит мне: «Ну, братец, мы тебя совершенно приняли за главнокомандующего.»

Анна Андреевна. Скажите как!

Хлестаков. С хорошенькими актрисами знаком. Я ведь тоже разные водевильчики … Литераторов часто вижу. С Пушкиным на дружеской ноге. Бывало, часто говорю ему: «Ну что, брат Пушкин?» – «Да так, брат, – отвечает, бывало, – так как-то всё …» Большой оригинал.

Анна Андреевна. Так вы и пишете? Как это должно быть приятно сочинителю! Вы, верно, и в журналы помещаете?

Хлестаков. Да, и в журналы помещаю. Моих, впрочем, много есть сочинений: «Женитьба Фигаро», «Роберт Дьявол», «Норма». Уж и названий даже не помню. И всё случаем: я не хотел писать, но театральная дирекция говорит: «Пожалуйста, братец, напиши что-нибудь.» Думаю себе: «Пожалуй, изволь, братец!» И тут же в один вечер, кажется, всё написал, всех изумил. У меня легкость необыкновенная в мыслях. Все это, что было под именем баро-

6 **водеви́льчик:** Singspielchen; Dim. von **водеви́ль** (m.): Vaudeville (frz.), Singspiel, Komödie mit Gesang und Tanz.

13 **помеща́ть**/помести́ть (uv./v.): unterbringen; hier: veröffentlichen.

15 **»Жени́тьба Фигаро́«:** *Figaros Hochzeit*, Komödie von Pierre de Beaumarchais, nach der Mozart die gleichnamige Oper komponierte.

16 **»Но́рма«:** *Norma*, Oper von Vincenzo Bellini.

22 f. **баро́н Брамбе́ус:** Baron Brambeus; eines der Pseudonyme des Schriftstellers, Publizisten und Orientalisten Osip Senkovskij (1800–1858).

на Брамбеуса, «Фрегат ‹Надежды›» и «Московский телеграф» … все это я написал.

Анна Андреевна. Скажите, так это вы были Брамбеус?

Хлестаков. Как же, я им всем поправляю статьи. Мне Смирдин дает за это сорок тысяч.

Анна Андреевна. Так, верно, и «Юрий Милославский» ваше сочинение?

Хлестаков. Да, это мое сочинение.

Анна Андреевна. Я сейчас догадалась.

Марья Антоновна. Ах, маменька, там написано, что это господина Загоскина сочинение.

Анна Андреевна. Ну вот: я и знала, что даже здесь будешь спорить.

Хлестаков. Ах да, это правда: это точно Загоскина; а есть другой «Юрий Милославский», так тот уж мой.

Анна Андреевна. Ну, это, верно, я ваш читала. Как хорошо написано!

Хлестаков. Я, признаюсь, литературой существую. У меня дом первый в Петербурге. Так уж и известен: дом Ивана Александровича. *(Обращаясь ко всем.)*

1 **»Фрега́т ›Наде́жда‹«:** *Fregatte »Hoffnung«*, Erzählung von Aleksandr Bestushev-Marlinskij (1797–1837), die kurz vor der Entstehung des *Revizor* veröffentlicht worden war.

1 f. **»Моско́вский телегра́ф«:** literarisch-wissenschaftliche Zeitschrift, die 1825–34 von Nikolaj Polevoj (1796–1846) herausgegeben wurde.

5 **поправля́ть** (uv.): verbessern, korrigieren.

6 **Сми́рдин:** Aleksandr Smirdin (1795–1857), Petersburger Verleger und Buchhändler.

7 **»Юрий Милославский«:** *Jurij Miloslavskij, ili Russkie v 1612 godu*, Roman (1829) von Michail Zagoskin (1789–1852).

Сделайте милость, господа, если будете в Петербурге, прошу, прошу ко мне. Я ведь тоже балы даю.

Анна Андреевна. Я думаю, с каким там вкусом и великолепием даются балы!

Хлестаков. Просто не говорите. На столе, например, арбуз – в семьсот рублей арбуз. Суп в кастрюльке прямо на пароходе приехал из Парижа; откроют крышку – пар, которому подобного нельзя отыскать в природе. Я всякий день на балах. Там у нас и вист свой составился: министр иностранных дел, французский посланник, английский, немецкий посланник и я. И уж так уморишься играя, что просто ни на что не похоже. Как взбежишь по лестнице к себе на четвертый этаж – скажешь только кухарке: «На, Маврушка, шинель …» Что ж я вру – я и позабыл, что живу в бельэтаже. У меня одна лестница стоит … А любопытно взглянуть ко мне в переднюю, когда я еще не проснулся: графы и князья толкутся и жужжат там, как шмели, только и слышно: ж… ж… ж… Иной раз и министр …

6 **арбу́з:** Wassermelone.
суп в кастрю́льке: Bei der russischen Aristokratie galt es seit den 1820er Jahren als besonders schick, sich Fertiggerichte aus dem Ausland kommen zu lassen.
8 **пар:** Dampf; hier: Geruch, Duft.
10 **вист:** Whist (Kartenspiel).
11 **посла́нник:** Gesandter, Botschafter.
12 **умори́ться** (v., umg.): ermüden, erschöpft sein.
16 **бельэта́ж** (alt.): Beletage (frz. *bel étage*: schönes Stockwerk), Hauptgeschoss, meist erster Stock; diese Wohnungen galten als besonders vornehm.
19 **жужжа́ть** (uv.): summen; hier: herumschwirren.
шмель (m.; Gen.: -ля́): Hummel.

(Городничий и прочие с робостью встают с своих стульев.)

Мне даже на пакетах пишут: «ваше превосходительство». Один раз я даже управлял департаментом. И странно: директор уехал, – куда уехал, неизвестно. Ну, натурально, пошли толки: как, что, кому занять место? Многие из генералов находились охотники и брались, но подойдут, бывало, – нет, мудрено. Кажется и легко на вид, а рассмотришь – просто черт возьми! После видят, нечего делать, – ко мне. И в ту же минуту по улицам курьеры, курьеры, курьеры … можете представить себе, тридцать пять тысяч одних курьеров! Каково положение? – я спрашиваю. «Иван Александрович, ступайте департаментом управлять!» Я, признаюсь, немного смутился, вышел в халате: хотел отказаться, но думаю: дойдет до государя, ну да и послужной список тоже … «Извольте, господа, я принимаю должность, я принимаю, говорю, так и быть, говорю, я принимаю, только уж у меня: ни, ни, ни! … Уж у меня ухо востро! уж я …» И точно: бывало, как прохожу через департамент, – прос-

3 f. **ва́ше превосходи́тельство:** Eure Exzellenz.

6 **пошли́ то́лки:** es ging das Gerede.

7 f. **Мно́гие из генера́лов находи́лись охо́тники и бра́лись, но подойду́т, быва́ло, – нет, мудрено́:** Viele Generäle hatten Lust dazu und versuchten sich, aber kaum hatten sie angefangen, ergab es sich immer, dass es doch nichts wurde.

11 **курье́р:** Kurier.

16 **хала́т:** hier: Schlafrock.

17 f. **послужно́й спи́сок:** Dienstliste; etwa den heutigen Personalunterlagen entsprechend.

то землетрясенье, все дрожит и трясется, как лист.

(Городничий и прочие трясутся от страха. Хлестаков горячится сильнее.)

О! я шутить не люблю. Я им всем задал острастку. Меня сам государственный совет боится. Да что в самом деле? Я такой! я не посмотрю ни на кого … я говорю всем: «Я сам себя знаю, сам.» Я везде, везде. Во дворец всякий день езжу. Меня завтра же произведут сейчас в фельдмарш… *(Поскальзывается и чуть-чуть не шлепается на пол, но с почтением поддерживается чиновниками.)*

Городничий *(подходя и трясясь всем телом, силится выговорить)*. А ва-ва-ва … ва …

Хлестаков *(быстрым, отрывистым голосом)*. Что такое?

Городничий. А ва-ва-ва … ва …

Хлестаков *(таким же голосом)*. Не разберу ничего, всё вздор.

Городничий. Ва-ва-ва … шество, превосходительство, не прикажете ли отдохнуть? … вот и комната, и все что нужно.

5 f. **остра́стка:** Drohung.

6 **госуда́рственный сове́т:** Staatsrat; oberste gesetzgebende Institution.

9 f. **меня́ произведу́т в фельдма́рш…:** (gemeint: в фельдма́ршалы): mich wird man zum Feldmarschall befördern (производи́ть/произвести́, uv./v.; в + Nom. Pl.: jdn. zu etw. befördern).

11 **поска́льзываться** (uv.): ausgleiten, stolpern.
шлёпаться (uv., umg.): plumpsen, hinfallen.

13 **си́литься** (uv., umg.): sich bemühen.

Хлестаков. Вздор – отдохнуть. Извольте, я готов отдохнуть. Завтрак у вас, господа, хорош … Я доволен, я доволен. *(С декламацией.)* Лабардан! лабардан! *(Входит в боковую комнату, за ним городничий.)*

Явление VII

Те же, кроме Хлестакова и городничего.

Бобчинский *(Добчинскому)*. Вот это, Петр Иванович, человек-то! Вот оно, что значит человек! В жисть не был в присутствии такой важной персоны, чуть не умер со страху. Как вы думаете, Петр Иванович, кто он такой в рассуждении чина?

Добчинский. Я думаю, чуть ли не генерал.

Бобчинский. А я так думаю, что генерал-то ему и в подметки не станет! а когда генерал, то уж разве сам генералиссимус. Слышали: государственный-то совет как прижал? Пойдем расскажем поскорее Аммосу Федоровичу и Коробкину. Прощайте, Анна Андреевна!

Добчинский. Прощайте, кумушка!
(Оба уходят.)

Артемий Филиппович *(Луке Лукичу)*. Страшно прос-

9 **в жисть** (alt., umg.): mein Lebtag, mein Leben lang.

12 **в рассужде́нии чи́на:** hier: was den Rang betrifft.

14 f. **ему́ и в подмётки не ста́нет** (umg.): das genügt ihm bei weitem nicht; wörtl.: das reicht nicht mal an seine Fußsohlen heran.

17 **прижа́ть** (v.): (an die Wand) drücken, unterdrücken.

то. А отчего, и сам не знаешь. А мы даже и не в мундирах. Ну что, как проспится да в Петербург махнет донесение? *(Уходит в задумчивости вместе с смотрителем училищ, произнеся:)* Прощайте, сударыня!

Явление VIII

Анна Андреевна и Марья Антоновна.

Анна Андреевна. Ах, какой приятный!

Марья Антоновна. Ах, милашка!

Анна Андреевна. Но только какое тонкое обращение! сейчас можно увидеть столичную штучку. Приемы и все это такое … Ах, как хорошо! Я страх люблю таких молодых людей! я просто без памяти. Я, однако ж, ему очень понравилась: я заметила – все на меня поглядывал.

Марья Антоновна. Ах, маменька, он на меня глядел!

Анна Андреевна. Пожалуйста, с своим вздором подальше! Это здесь вовсе неуместно.

Марья Антоновна. Нет, маменька, право!

Анна Андреевна. Ну вот! Боже сохрани, чтобы не

2 **проспа́ться** (v., umg.): (den Rausch) ausschlafen.
3 **махну́ть** (v.): hier: eilen, schnell hingelangen.
задумчивость: Nachdenklichkeit (заду́мываться, uv.: nachdenklich werden).
9 **мила́шка** (umg.): ein netter Mensch.
11 **приёмы:** hier: Verhalten, Manieren.
13 **без па́мяти:** hier: einfach hin und weg.
18 **неуме́стный:** unangebracht.

поспорить! нельзя, да и полно! Где ему смотреть на тебя? И с какой стати ему смотреть на тебя?

Марья Антоновна. Право, маменька, все смотрел. И как начал говорить о литературе, то взглянул на меня, и потом, когда рассказывал, как играл в вист с посланниками, и тогда посмотрел на меня.

Анна Андреевна. Ну, может быть, один какой-нибудь раз, да и то так уж, лишь бы только. «А, – говорит себе, – дай уж посмотрю на нее!»

Явление IX

Те же и городничий.

Городничий *(входит на цыпочках)*. Чш … ш …

Анна Андреевна. Что?

Городничий. И не рад, что напоил. Ну что, если хоть одна половина из того, что он говорил, правда? *(Задумывается.)* Да как же и не быть правде? Подгулявши, человек все несет наружу: что на сердце, то и на языке. Конечно, прилгнул немного; да ведь не прилгнувши не говорится никакая речь. С министрами играет и во дворец ездит … Так вот,

12 **цы́почка:** Zehenspitze.
14 **рад:** froh, zufrieden.
напои́ть (v.): zu trinken geben.
17 f. **что на се́рдце, то и на языке́:** ›Man trägt sein Herz auf der Zunge‹; zum Sprichwort gewordenes Zitat aus der Bibel, das Luther aus dem Hebräischen so übersetzte: »Wes das Herz voll ist, des geht der Mund über.«
18 **прилгну́ть** (v., umg.): ein bisschen flunkern.

право, чем больше думаешь … черт его знает, не знаешь, что и делается в голове; просто как будто или стоишь на какой-нибудь колокольне, или тебя хотят повесить.

Анна Андреевна. А я никакой совершенно не ощутила робости; я просто видела в нем образованного, светского, высшего тона человека, а о чинах его мне и нужды нет.

Городничий. Ну, уж вы – женщины! Все кончено, одного этого слова достаточно! Вам всё – финтирлюшки! Вдруг брякнут ни из того ни из другого словцо. Вас посекут, да и только, а мужа и поминай как звали. Ты, душа моя, обращалась с ним так свободно, как будто с каким-нибудь Добчинским.

Анна Андреевна. Об этом я уж советую вам не беспокоиться. Мы кой-что знаем такое … *(Посматривает на дочь.)*

Городничий *(один)*. Ну, уж с вами говорить! … Эка в самом деле оказия! До сих пор не могу очнуться от страха! *(Отворяет дверь и говорит в дверь.)* Мишка, позови квартальных Свистунова и Держиморду: они тут недалеко где-нибудь за воротами. *(После небольшого молчания.)* Чудно все завелось теперь

3 **колоко́льня:** Glockenturm.
5 f. **ощути́ть** (v.): empfinden.
10 **финтирлю́шки:** Kinkerlitzchen.
11 **бря́кнуть** (v.) **ни из того́ ни из друго́го словцо́:** mir nichts dir nichts mit etw. herausplatzen (словцо́: Wörtchen, Ausspruch).
12 **посе́чь** (v.): geißeln, prügeln.
помина́й как зва́ли (umg.): ist verschwunden, vergessen.
19 **ока́зия:** ungewöhnlicher Fall (frz. *occasion*).
очну́ться (v.): zu sich kommen, die Fassung wiedererlangen.

на свете: хоть бы народ-то уж был видный, а то худенький, тоненький – как его узнаешь, кто он? Еще военный все-таки кажет из себя, а как наденет фрачишку – ну точно муха с подрезанными крыльями. А ведь долго крепился давича в трактире, заламливал такие аллегории и екивоки, что, кажись, век бы не добился толку. А вот наконец и подался. Да еще наговорил больше, чем нужно. Видно, что человек молодой.

Явление X

Те же и Осип. Все бегут к нему навстречу, кивая пальцами.

Анна Андреевна. Подойди сюда, любезный!

Городничий. Чш! … что? что? спит?

Осип. Нет еще, немножко потягивается.

Анна Андреевна. Послушай, как тебя зовут?

Осип. Осип, сударыня.

Городничий *(жене и дочери)*. Полно, полно вам! *(Осипу.)* Ну что, друг, тебя накормили хорошо?

4 **фрачи́шка:** (abwertend) Fräckchen (фрак).
подре́зать (v.): stutzen, abschneiden.
5 **крепи́ться** (uv.): standhaft bleiben, nicht nachgeben.
6 **зала́мливать** (uv.): angeberisch verkünden.
екиво́к: экиво́к: Zweideutigkeit, Doppeldeutigkeit (frz. *équivoque*: doppeldeutig).
7 **доби́ться** (v.) **то́лку:** den Sinn erfassen.
8 **наговори́ть** (v.): eine Menge daherreden.
11 **кива́ть** (uv.): winken.
15 **потя́гиваться** (uv.): sich ausstrecken.

Осип. Накормили, покорнейше благодарю; хорошо накормили.

Анна Андреевна. Ну что, скажи: к твоему барину слишком, я думаю, много ездит графов и князей?

Осип *(в сторону)*. А что говорить? Коли теперь накормили хорошо, значит, после еще лучше накормят. *(Вслух.)* Да, бывают и графы.

Марья Антоновна. Душенька Осип, какой твой барин хорошенький!

Анна Андреевна. А что, скажи, пожалуйста, Осип, как он …

Городничий. Да перестаньте, пожалуйста! Вы этакими пустыми речами только мне мешаете. Ну что, друг? …

Анна Андреевна. А чин какой на твоем барине?

Осип. Чин обыкновенно какой.

Городничий. Ах, боже мой, вы всё с своими глупыми расспросами! не дадите ни слова поговорить о деле. Ну что, друг, как твой барин? … строг? любит этак распекать или нет?

Осип. Да, порядок любит. Уж ему чтоб все было в исправности.

Городничий. А мне очень нравится твое лицо. Друг, ты должен быть хороший человек. Ну что …

Анна Андреевна. Послушай, Осип, а как барин твой там, в мундире ходит, или …

Городничий. Полно вам, право, трещотки какие! Здесь нужная вещь: дело идет о жизни человека …

20 **распека́ть** (uv.): tüchtig ausschelten, hart rannehmen.
22 **испра́вность:** Ordnung.
27 **трещо́тка** (umg.): Plappermaul.

(К Осипу.) Ну что, друг, право, мне ты очень нравишься. В дороге не мешает, знаешь, чайку выпить лишний стаканчик, – оно теперь холодновато. Так вот тебе пара целковиков на чай.

Осип *(принимая деньги)*. А покорнейше благодарю, сударь. Дай бог вам всякого здоровья! бедный человек, помогли ему.

Городничий. Хорошо, хорошо, я и сам рад. А что, друг …

Анна Андреевна. Послушай, Осип, а какие глаза больше всего нравятся твоему барину?

Марья Антоновна. Осип, душенька! какой миленький носик у твоего барина! …

Городничий. Да постойте, дайте мне! … *(К Осипу.)* А что, друг, скажи, пожалуйста: на что больше барин твой обращает внимание, то есть что ему в дороге больше нравится?

Осип. Любит он, по рассмотрению, что как придется. Больше всего любит, чтобы его приняли хорошо, угощение чтоб было хорошее.

Городничий. Хорошее?

Осип. Да, хорошее. Вот уж на что я, крепостной человек, но и то смотрит, чтобы и мне было хорошо. Ей-богу! Бывало, заедем куда-нибудь: «Что, Осип, хорошо тебя угостили?» – «Плохо, ваше высокоблагородие!» – «Э, говорит, это, Осип, нехороший хозяин. Ты, говорит, напомни мне, как приеду». – «А, – думаю себе *(махнув рукою)*, – бог с ним! я человек простой.»

4 **целкóвик** (auch: целкóвый; alt., umg.): Rubel.
20 **угощéние:** Bewirtung (угощáть/угости́ть, uv./v.).

Городничий. Хорошо, хорошо, и дело ты говоришь. Там я тебе дал на чай, так вот еще сверх того на баранки.

Осип. За что жалуете, ваше высокоблагородие? *(Прячет деньги.)* Разве уж выпью за ваше здоровье.

Анна Андреевна. Приходи, Осип, ко мне, тоже получишь.

Марья Антоновна. Осип, душенька, поцелуй своего барина!

(Слышен из другой комнаты небольшой кашель Хлестакова.)

Городничий. Чш! *(Поднимается на цыпочки; вся сцена вполголоса.)* Боже вас сохрани шуметь! Идите себе! полно уж вам …

Анна Андреевна. Пойдем, Машенька! я тебе скажу, что я заметила у гостя такое, что нам вдвоем только можно сказать.

Городничий. О, уж там наговорят! Я думаю, поди только да послушай, – и уши потом заткнешь. *(Обращаясь к Осипу.)* Ну, друг …

Явление XI

Те же, Держиморда и Свистунов.

Городничий. Чш! экие косолапые медведи – стучат сапогами! Так и валится, как будто сорок пуд

3 **бара́нка:** Baranka; hartgebackener Kringel.
19 **заткну́ть** (v.): verschließen, verstopfen.
23 **косола́пый:** tolpatschig.

сбрасывает кто-нибудь с телеги! Где вас черт таскает?

Держиморда. Был по приказанию …

Городничий. Чш! *(Закрывает ему рот.)* Эк как каркнула ворона! *(Дразнит его.)* Был по приказанию! Как из бочки, так рычит. *(К Осипу.)* Ну, друг, ты ступай приготовляй там, что нужно для барина. Все, что ни есть в доме, требуй.

(Осип уходит.)

А вы – стоять на крыльце, и ни с места! И никого не впускать в дом стороннего, особенно купцов! Если хоть одного из них впустите, то … Только увидите, что идет кто-нибудь с просьбою, а хоть и не с просьбою, да похож на такого человека, что хочет подать на меня просьбу, взашей так прямо и толкайте! так его! хорошенько! *(Показывает ногою.)* Слышите? Чш … чш … *(Уходит на цыпочках вслед за квартальными.)*

1 f. **где вас чёрт таска́ет:** wo zum Teufel kommt ihr her (таска́ть, uv.: ziehen, schleppen).

4 f. **ка́ркнуть** (v.): krächzen.

5 f. **как из бо́чки, так рычи́т:** dröhnt wie aus einem Fass; bezieht sich auf das Sprichwort »В пусто́й бо́чке и зво́ну мно́го« (»Leeres Fass tönt laut«).

11 **сторо́нний:** Fremder, Außenstehender.

15 **вза́шей** (alt., umg.): am Kragen (packen), hochkant (hinauswerfen).

Действие четвертое

Та же комната в доме городничего.

Явление I

Входят осторожно, почти на цыпочках: Аммос Федорович, Артемий Филиппович, почтмейстер, Лука Лукич, Добчинский и Бобчинский, в полном параде и мундирах. Вся сцена происходит вполголоса.

Аммос Федорович *(строит всех полукружием)*. Ради бога, господа, скорее в кружок, да побольше порядку! Бог с ним: и во дворец ездит, и государственный совет распекает! Стройтесь на военную ногу, непременно на военную ногу! Вы, Петр Иванович, забегите с этой стороны, а вы, Петр Иванович, станьте вот тут.

(Оба Петра Ивановича забегают на цыпочках.)

Артемий Филиппович. Воля ваша, Аммос Федорович, нам нужно бы кое-что предпринять.

Аммос Федорович. А что именно?

Артемий Филиппович. Ну, известно что.

Аммос Федорович. Подсунуть?

Артемий Филиппович. Ну да, хоть и подсунуть.

Аммос Федорович. Опасно, черт возьми! раскричится: государственный человек. А разве в виде приношенья со стороны дворянства на какой-нибудь памятник?

8 **полукру́жие:** Halbkreis.
11 f. **стро́иться** (uv.) **на вое́нную но́гу:** sich militärisch aufstellen.
20 **подсу́нуть** (v.): (heimlich) zustecken.
23 f. **приноше́нье:** Gabe, Spende.

Почтмейстер. Или же: «вот, мол, пришли по почте деньги, неизвестно кому принадлежащие.»

Артемий Филиппович. Смотрите, чтоб он вас по почте не отправил куды-нибудь подальше. Слушайте: эти дела не так делаются в благоустроенном государстве. Зачем нас здесь целый эскадрон? Представиться нужно поодиночке, да между четырех глаз и того … как там следует – чтобы и уши не слыхали. Вот как в обществе благоустроенном делается! Ну, вот вы, Аммос Федорович, первый и начните.

Аммос Федорович. Так лучше ж вы: в вашем заведении высокий посетитель вкусил хлеба.

Артемий Филиппович. Так уж лучше Луке Лукичу, как просветителю юношества.

Лука Лукич. Не могу, не могу, господа. Я, признаюсь, так воспитан, что, заговори со мною одним чином кто-нибудь повыше, у меня просто и души нет, и язык как в грязь завязнул. Нет, господа, увольте, право увольте!

Артемий Филиппович. Да, Аммос Федорович, кроме вас, некому. У вас что ни слово, то Цицерон с языка слетел.

1 **мол:** Die Partikel мол signalisiert, dass man hier wörtliche Rede wiedergibt.

6 **эскадрóн:** Eskadron; kleinste Kavallerieeinheit.

7 **поодинóчке:** einzeln.

18 **язы́к как в грязь завя́знул:** die Stimme versagte; wörtl.: blieb wie im Schlamm stecken (завя́знуть, v.: steckenbleiben, versinken).

21 f. **что ни слóво, то Цицерóн с языкá слетéл** (v.): jedes Wort ist, als wäre es Cicero von der Zunge geflogen; Anspielung auf die rhetorische Brillanz des römischen Politikers Cicero (106–43 v. Chr.).

Аммос Федорович. Что вы! что вы: Цицерон! Смотрите, что выдумали! Что иной раз увлечешься говоря о домашней своре или гончей ищейке …

Все *(пристают к нему)*. Нет, вы не только о собаках, вы и о столпотворении … Нет, Аммос Федорович, не оставляйте нас, будьте отцом нашим! … Нет, Аммос Федорович!

Аммос Федорович. Отвяжитесь, господа!

(В это время слышны шаги и откашливание в комнате Хлестакова. Все спешат наперерыв к дверям, толпятся и стараются выйти, что происходит не без того, чтобы не притиснули кое-кого. Раздаются вполголоса восклицания:)

Голос Бобчинского. Ой, Петр Иванович, Петр Иванович! наступили на ногу!

Голос Земляники. Отпустите, господа, хоть душу на покаяние – совсем прижали!

(Выхватываются несколько восклицаний: «Ай, ай!» – наконец все выпираются, и комната остается пуста.)

2 **увлéчься** (v.): sich hinreißen lassen.
3 **свóра:** Windhundpaar.
гóнчая ищéйка: Jagdhund, Spürhund.
5 **столпотворéние:** Turmbau (zu Babel).
8 **отвязáться** (v.): in Ruhe lassen.
10 **напереры́в:** um die Wette.
12 **прити́снуть** (v., umg.): drücken, pressen.
16 f. **отпусти́ть** (v.) **дýшу на покая́ние** (umg., alt.): aufhören zu quälen (покая́ние: Buße, Beichte).
18 **выхвáтываться** (uv.): sich herausreißen; hier: (aus der Menge hervor) ertönen.
19 **выпирáться** (uv.): sich herausdrängen.

Явление II

Хлестаков один, выходит с заспанными глазами.

Хлестаков. Я, кажется, всхрапнул порядком. Откуда они набрали таких тюфяков и перин? даже вспотел. Кажется, они вчера мне подсунули чего-то за завтраком: в голове до сих пор стучит. Здесь, как я вижу, можно с приятностию проводить время. Я люблю радушие, и мне, признаюсь, больше нравится, если мне угождают от чистого сердца, а не то чтобы из интереса. А дочка городничего очень недурна, да и матушка такая, что еще можно бы … Нет, я не знаю, а мне, право, нравится такая жизнь.

Явление III

Хлестаков и Аммос Федорович.

Аммос Федорович *(входя и останавливаясь, про себя)*. Боже, боже! вынеси благополучно; так вот коленки и ломает. *(Вслух, вытянувшись и придерживая рукою шпагу.)* Имею честь представиться: судья здешнего уездного суда, коллежский асессор Ляпкин-Тяпкин.

2 **за́спанный:** verschlafen.
3 **всхрапну́ть** (v., umg.): ein Schläfchen halten.
поря́дком (umg.): hier: ordentlich, tüchtig.
4 **тюфя́к:** (weiche) Matratze.
пери́на: Federbett.
9 **угожда́ть** (uv.): einen Gefallen tun, gefällig sein.

Хлестаков. Прошу садиться. Так вы здесь судья?

Аммос Федорович. С восемьсот шестнадцатого был избран на трехлетие по воле дворянства и продолжал должность до сего времени.

Хлестаков. А выгодно, однако же, быть судьею?

Аммос Федорович. За три трехлетия представлен к Владимиру четвертой степени с одобрения со стороны начальства. *(В сторону.)* А деньги в кулаке, да кулак-то весь в огне.

Хлестаков. А мне нравится Владимир. Вот Анна третьей степени уже не так.

Аммос Федорович *(высовывая понемногу вперед сжатый кулак. В сторону)*. Господи боже! не знаю, где сижу. Точно горячие угли под тобою.

Хлестаков. Что это у вас в руке?

Аммос Федорович *(потерявшись и роняя на пол ассигнации)*. Ничего-с.

Хлестаков. Как ничего? Я вижу, деньги упали.

Аммос Федорович *(дрожа всем телом)*. Никак нет-с. *(В сторону.)* О боже, вот уж я и под судом! и тележку подвезли схватить меня!

Хлестаков *(подымая)*. Да, это деньги.

Аммос Федорович *(в сторону)*. Ну, все кончено – пропал! пропал!

7 **Влади́мир четвёртой сте́пени:** Der Vladimir-Orden des vierten Grades (s. S. 59) wurde für 35jährige Dienste verliehen.

10 f. **А́нна тре́тьей сте́пени:** Der Orden der hl. Anna stand rangmäßig unter dem Vladimir-Orden.

12 **высо́вывать** (uv.): hinausstrecken.

16 **роня́ть** (uv.): fallen lassen.

16 f. **ассигна́ция:** Assignat; Papiergeld von 1769 bis 1843.

24 **пропа́сть**/пропада́ть (v./uv.): verlorengehen, zugrunde gehen.

Хлестаков. Знаете ли что? дайте их мне взаймы.

Аммос Федорович *(поспешно)*. Как же-с, как же-с … с большим удовольствием. *(В сторону.)* Ну, смелее, смелее! Вывози, пресвятая матерь!

Хлестаков. Я, знаете, в дороге издержался: то да се … Впрочем, я вам из деревни сейчас их пришлю.

Аммос Федорович. Помилуйте, как можно! и без того это такая честь … Конечно, слабыми моими силами, рвением и усердием к начальству … постараюсь заслужить … *(Приподымается со стула, вытянувшись и руки по швам.)* Не смею более беспокоить своим присутствием. Не будет ли какого приказанья?

Хлестаков. Какого приказанья?

Аммос Федорович. Я разумею, не дадите ли какого приказанья здешнему уездному суду?

Хлестаков. Зачем же? Ведь мне никакой нет теперь в нем надобности.

Аммос Федорович *(раскланиваясь и уходя, в сторону)*. Ну, город наш!

Хлестаков *(по уходе его)*. Судья – хороший человек!

4 **пресвя́тая ма́терь:** Heilige Mutter Gottes, Allerheiligste Jungfrau.

5 **издержа́ться** (v., umg.): sich verausgaben.

10 **рве́ние:** Eifer, Bemühung.
усе́рдие: Strebsamkeit, Inbrunst.

19 **на́добность:** Notwendigkeit.

Явление IV

Хлестаков и почтмейстер, входит вытянувшись, в мундире, придерживая шпагу.

Почтмейстер. Имею честь представиться: почтмейстер, надворный советник Шпекин.

Хлестаков. А, милости просим. Я очень люблю приятное общество. Садитесь. Ведь вы здесь всегда живете?

Почтмейстер. Так точно-с.

Хлестаков. А мне нравится здешний городок. Конечно, не так многолюдно – ну что ж? Ведь это не столица. Не правда ли, ведь это не столица?

Почтмейстер. Совершенная правда.

Хлестаков. Ведь это только в столице бонтон и нет провинциальных гусей. Как ваше мнение, не так ли?

Почтмейстер. Так точно-с. *(В сторону.)* А он, однако ж, ничуть не горд; обо всем расспрашивает.

Хлестаков. А ведь, однако ж, признайтесь, ведь и в маленьком городке можно прожить счастливо?

Почтмейстер. Так точно-с.

Хлестаков. По моему мнению, что нужно? Нужно только, чтобы тебя уважали, любили искренне, – не правда ли?

Почтмейстер. Совершенно справедливо.

Хлестаков. Я, признаюсь, рад, что вы одного мнения со мною. Меня, конечно, назовут странным, но уж у

5 **надво́рный сове́тник:** Hofrat; bürgerlicher Rang siebter Klasse.
14 **бонто́н:** guter Ton, feine Lebensart (frz. *bon ton*).
22 **и́скренний:** aufrichtig.

меня такой характер. *(Глядя в глаза ему, говорит про себя.)* А попрошу-ка я у этого почтмейстера взаймы! *(Вслух.)* Какой странный со мною случай: в дороге совершенно издержался. Не можете ли вы мне дать триста рублей взаймы?

Почтмейстер. Почему же? почту за величайшее счастие. Вот-с, извольте. От души готов служить.

Хлестаков. Очень благодарен. А я, признаюсь, смерть не люблю отказывать себе в дороге, да и к чему? Не так ли?

Почтмейстер. Так точно-с. *(Встает, вытягивается и придерживает шпагу.)* Не смея долее беспокоить своим присутствием … Не будет ли какого замечания по части почтового управления?

Хлестаков. Нет, ничего.

(Почтмейстер раскланивается и уходит.)

(Раскуривая сигарку.) Почтмейстер, мне кажется, тоже очень хороший человек. По крайней мере, услужлив. Я люблю таких людей.

Явление V

Хлестаков и Лука Лукич, который почти выталкивается из дверей. Сзади его слышен голос почти вслух: «Чего робеешь?»

6 **почéсть** (-чтý, -ёшь; v.; за + Akk.): für jdn. halten, als jdn. erachten.

9 **откáзывать** (uv.) **себé:** sich etw. versagen.

12 **дóлее** (Komp. von дóлгий): länger.

21 f. **вытáлкиваться** (uv.): (hinaus)gestoßen werden.

Лука Лукич *(вытягиваясь не без трепета и придерживая шпагу)*. Имею честь представиться: смотритель училищ, титулярный советник Хлопов.

Хлестаков. А, милости просим! Садитесь, садитесь. Не хотите ли сигарку? *(Подает ему сигару.)*

Лука Лукич *(про себя, в нерешимости)*. Вот тебе раз! Уж этого никак не предполагал. Брать или не брать?

Хлестаков. Возьмите, возьмите; это порядочная сигарка. Конечно, не то, что в Петербурге. Там, батюшка, я куривал сигарочки по двадцати пяти рублей сотенка, просто ручки потом себе поцелуешь, как выкуришь. Вот огонь, закурите. *(Подает ему свечу.)* *(Лука Лукич пробует закурить и весь дрожит.)* Да не с того конца!

Лука Лукич *(от испуга выронил сигару, плюнул и, махнув рукою, про себя)*. Черт побери все! сгубила проклятая робость!

Хлестаков. Вы, как я вижу, не охотник до сигарок. А я признаюсь: это моя слабость. Вот еще насчет женского полу, никак не могу быть равнодушен. Как вы? Какие вам больше нравятся – брюнетки или блондинки?

(Лука Лукич находится в совершенном недоумении, что сказать.)

Нет, скажите откровенно: брюнетки или блондинки?

1 **тре́пет:** Beben, Zittern.

3 **титуля́рный сове́тник:** Titularrat; bürgerlicher Rang neunter Klasse.

6 **нереши́мость:** Unentschlossenheit.

10 f. **со́тенка:** das Hundert, hundert Stück.

15 **вы́ронить** (v.): fallen lassen.

16 **сгуби́ть** (v., umg.): zugrunde richten, ins Verderben führen.

Лука Лукич. Не смею знать.

Хлестаков. Нет, нет, не отговаривайтесь! Мне хочется узнать непременно ваш вкус.

Лука Лукич. Осмелюсь доложить … *(В сторону.)* Ну, и сам не знаю, что говорю.

Хлестаков. А! а! не хотите сказать. Верно, уж какая-нибудь брюнетка сделала вам маленькую загвоздочку. Признайтесь, сделала?

(Лука Лукич молчит.)

А! а! покраснели! Видите! видите! Отчего ж вы не говорите?

Лука Лукич. Оробел, ваше бла… преос… сият… *(В сторону.)* Продал проклятый язык, продал!

Хлестаков. Оробели? А в моих глазах точно есть что-то такое, что внушает робость. По крайней мере, я знаю, что ни одна женщина не может их выдержать, не так ли?

Лука Лукич. Так точно-с.

Хлестаков. Вот со мной престранный случай: в дороге совсем издержался. Не можете ли вы мне дать триста рублей взаймы?

Лука Лукич *(хватаясь за карманы, про себя)*. Вот те штука, если нет! Есть, есть! *(Вынимает и подает, дрожа, ассигнации.)*

Хлестаков. Покорнейше благодарю.

2 **отгова́риваться** (uv.): sich herausreden.

7 f. **загво́здочка:** Dim. von загво́здка (umg.): Problem, Schwierigkeit; Hindernis.

12 **бла… преос… сият…:** stotternd für благоро́дие, преосвяще́нство, сия́тельство (Wohlgeboren, Eminenz/Hochwürden, Durchlaucht/Herrlichkeit).

13 **прода́ть** (v.): hier: verlassen, abhandenkommen.

Лука Лукич *(вытягиваясь и придерживая шпагу)*. Не смею долее беспокоить присутствием.

Хлестаков. Прощайте.

Лука Лукич *(летит вон почти бегом и говорит в сторону)*. Ну, слава богу! авось не заглянет в классы!

Явление VI

Хлестаков и Артемий Филиппович, вытянувшись и придерживая шпагу.

Артемий Филиппович. Имею честь представиться: попечитель богоугодных заведений, надворный советник Земляника.

Хлестаков. Здравствуйте, прошу покорно садиться.

Артемий Филиппович. Имел честь сопровождать вас и принимать лично во вверенных моему смотрению богоугодных заведениях.

Хлестаков. А, да! помню. Вы очень хорошо угостили завтраком.

Артемий Филиппович. Рад стараться на службу отечеству.

Хлестаков. Я – признаюсь, это моя слабость, – люблю хорошую кухню. Скажите, пожалуйста, мне кажется, как будто бы вчера вы были немножко ниже ростом, не правда ли?

Артемий Филиппович. Очень может быть. *(Помолчав.)*

15 **вве́ренный:** anvertraut.

Могу сказать, что не жалею ничего и ревностно исполняю службу. *(Придвигается ближе с своим стулом и говорит вполголоса.)* Вот здешний почтмейстер совершенно ничего не делает: все дела в большом запущении, посылки задерживаются … извольте сами нарочно разыскать. Судья тоже, который только что был пред моим приходом, ездит только за зайцами, в присутственных местах держит собак и поведения, если признаться пред вами, – конечно, для пользы отечества я должен это сделать, хотя он мне родня и приятель, – поведения самого предосудительного. Здесь есть один помещик, Добчинский, которого вы изволили видеть; и как только этот Добчинский куда-нибудь выйдет из дому, то он там уж и сидит у жены его, я присягнуть готов … И нарочно посмотрите на детей: ни одно из них не похоже на Добчинского, но все, даже девочка маленькая, как вылитый судья.

Хлестаков. Скажите пожалуйста! а я никак этого не думал.

Артемий Филиппович. Вот и смотритель здешнего училища … Я не знаю, как могло начальство поверить ему такую должность: он хуже, чем якобинец,

5 **запущéние:** Vernachlässigung.
11 **родня́:** Verwandtschaft, Verwandter.
12 **предосуди́тельный:** anstößig, tadelnswert.
15 **присягну́ть** (v.): schwören, beeiden.
18 **как вы́литый:** wie aus dem Gesicht geschnitten; wörtl.: wie gegossen.
22 f. **повéрить** (v.): anvertrauen.
23 **якоби́нец:** hier: Umstürzler; als Jakobiner bezeichnete man die Vertreter des radikalsten Flügels in der Französischen Revolution.

и такие внушает юношеству неблагонамеренные правила, что даже выразить трудно. Не прикажете ли, я все это изложу лучше на бумаге?

Хлестаков. Хорошо, хоть на бумаге. Мне очень будет приятно. Я, знаете, этак люблю в скучное время прочесть что-нибудь забавное … Как ваша фамилия? я все позабываю.

Артемий Филиппович. Земляника.

Хлестаков. А, да! Земляника. И что ж, скажите, пожалуйста, есть у вас детки?

Артемий Филиппович. Как же-с, пятеро; двое уже взрослых.

Хлестаков. Скажите, взрослых! А как они … как они того? …

Артемий Филиппович. То есть не изволите ли вы спрашивать, как их зовут?

Хлестаков. Да, как их зовут?

Артемий Филиппович. Николай, Иван, Елизавета, Марья и Перепетуя.

Хлестаков. Это хорошо.

Артемий Филиппович. Не смея беспокоить своим присутствием, отнимать времени, определенного на священные обязанности … *(Раскланивается с тем, чтобы уйти.)*

Хлестаков *(провожая)*. Нет, ничего. Это все очень смешно, что вы говорили. Пожалуйста, и в другое тоже время … Я это очень люблю. *(Возвращается и, отворивши дверь, кричит вслед ему.)* Эй вы! как вас? я все позабываю, как ваше имя и отчество.

1 **неблагонаме́ренный** (alt.): aufrührerisch.
22 **отнима́ть** (uv.): wegnehmen, entziehen; hier: stehlen.

Артемий Филиппович. Артемий Филиппович.

Хлестаков. Сделайте милость, Артемий Филиппович, со мной странный случай: в дороге совершенно издержался. Нет ли у вас денег взаймы – рублей четыреста?

Артемий Филиппович. Есть.

Хлестаков. Скажите, как кстати. Покорнейше вас благодарю.

Явление VII

Хлестаков, Бобчинский и Добчинский.

Бобчинский. Имею честь представиться: житель здешнего города, Петр Иванович сын Бобчинский.

Добчинский. Помещик Петр Иванов сын Добчинский.

Хлестаков. А, да я уж вас видел. Вы, кажется, тогда упали? Что, как ваш нос?

Бобчинский. Слава богу! не извольте беспокоиться: присох, теперь совсем присох.

Хлестаков. Хорошо, что присох. Я рад … *(Вдруг и отрывисто.)* Денег нет у вас?

Бобчинский. Денег? как денег?

Хлестаков *(громко и скоро)*. Взаймы рублей тысячу.

Бобчинский. Такой суммы, ей-богу, нет. А нет ли у вас, Петр Иванович?

Добчинский. При мне-с не имеется, потому что деньги

18 **присóхнуть** (v.): antrocknen; hier: nicht mehr bluten.

мои, если изволите знать, положены в приказ общественного призрения.

Хлестаков. Да, ну если тысячи нет, так рублей сто.

Бобчинский *(шаря в карманах)*. У вас, Петр Иванович, нет ста рублей? У меня всего сорок ассигнациями.

Добчинский *(смотря в бумажник)*. Двадцать пять рублей всего.

Бобчинский. Да вы поищите-то получше, Петр Иванович! У вас там, я знаю, в кармане-то с правой стороны прореха, так в прореху-то, верно, как-нибудь запали.

Добчинский. Нет, право, и в прорехе нет.

Хлестаков. Ну, все равно. Я ведь только так. Хорошо, пусть будет шестьдесят пять рублей. Это все равно. *(Принимает деньги.)*

Добчинский. Я осмеливаюсь попросить вас относительно одного очень тонкого обстоятельства.

Хлестаков. А что это?

Добчинский. Дело очень тонкого свойства-с: старший-то сын мой, изволите видеть, рожден мною еще до брака.

Хлестаков. Да?

Добчинский. То есть оно так только говорится, а он рожден мною так совершенно, как бы и в браке, и все это, как следует, я завершил потом законными-с

1 f. **прика́з обще́ственного призре́ния:** Kollegium der allgemeinen Fürsorge; Organisation auf Gouvernementsebene zur Verwaltung der örtlichen medizinischen, wohltätigen und Bildungseinrichtungen, bei der Geld angelegt werden konnte.

4 **ша́рить** (uv.): durchsuchen, -wühlen.

6 **бума́жник:** Brieftasche.

10 **проре́ха:** Loch, Schlitz.

узами супружества-с. Так я, изволите видеть, хочу, чтоб он теперь уже был совсем, то есть, законным моим сыном-с и назывался бы так, как я: Добчинский-с.

Хлестаков. Хорошо, пусть называется! Это можно.

Добчинский. Я бы и не беспокоил вас, да жаль насчет способностей. Мальчишка-то этакой … большие надежды подает: наизусть стихи разные расскажет и, если где попадет ножик, сейчас сделает маленькие дрожечки так искусно, как фокусник-с. Вот и Петр Иванович знает.

Бобчинский. Да, большие способности имеет.

Хлестаков. Хорошо, хорошо! Я об этом постараюсь, я буду говорить … я надеюсь … все это будет сделано, да, да … *(Обращаясь к Бобчинскому.)* Не имеете ли и вы чего-нибудь сказать мне?

Бобчинский. Как же, имею очень нижайшую просьбу.

Хлестаков. А что, о чем?

Бобчинский. Я прошу вас покорнейше, как поедете в Петербург, скажите всем там вельможам разным: сенаторам и адмиралам, что вот, ваше сиятельство, или превосходительство, живет в таком-то городе Петр Иванович Бобчинский. Так и скажите: живет Петр Иванович Бобчинский.

Хлестаков. Очень хорошо.

1 **супру́жество:** Ehestand, Ehe.
2 f. **зако́нный:** hier: legitim. Nach einem Ukas von Zar Nikolaus I. von 1829 waren Bittschriften um gesetzliche Anerkennung vorehelicher Kinder nicht zugelassen
10 **дро́жечка:** kleine Kutsche, Wägelchen.
иску́сный: geschickt.
фо́кусник: Taschenspieler, Zauberkünstler.

Бобчинский. Да если этак и государю придется, то скажите и государю, что вот, мол, ваше императорское величество, в таком-то городе живет Петр Иванович Бобчинский.

Хлестаков. Очень хорошо.

Добчинский. Извините, что так утрудили вас своим присутствием.

Бобчинский. Извините, что так утрудили вас своим присутствием.

Хлестаков. Ничего, ничего! Мне очень приятно. *(Выпроваживает их.)*

Явление VIII

Хлестаков один.

Хлестаков. Здесь много чиновников. Мне кажется, однако ж, они меня принимают за государственного человека. Верно, я вчера им подпустил пыли. Экое дурачье! Напишу-ка я обо всем в Петербург к Тряпичкину: он пописывает статейки – пусть-ка он их общелкает хорошенько. Эй, Осип, подай мне бумагу и чернила!

(Осип выглянул из дверей, произнесши: «Сейчас».)

А уж Тряпичкину, точно, если кто попадет на зубок,

16 **подпусти́ть** (v.) **пы́ли:** Sand (in die Augen) streuen.

17 **дурачьё:** Narrenvolk.

19 **общёлкать:** beuteln, durch den Kakao ziehen.

22 **попа́сть** (v.) **на зубо́к** (umg.): jdm. in die Finger geraten (зубо́к: Zähnchen).

– берегись: отца родного не пощадит для словца, и деньгу тоже любит. Впрочем, чиновники эти добрые люди; это с их стороны хорошая черта, что они мне дали взаймы. Пересмотрю нарочно, сколько у меня денег. Это от судьи триста; это от почтмейстера триста, шестьсот, семьсот, восемьсот … Какая замасленная бумажка! Восемьсот, девятьсот … Ого! за тысячу перевалило … Ну-ка, теперь, капитан, ну-ка, попадись-ка ты мне теперь! Посмотрим, кто кого!

Явление IX

Хлестаков и Осип с чернилами и бумагою.

Хлестаков. Ну что, видишь, дурак, как меня угощают и принимают? *(Начинает писать.)*

Осип. Да, слава богу! Только знаете что, Иван Александрович?

Хлестаков *(пишет)*. А что?

Осип. Уезжайте отсюда. Ей-богу, уже пора.

Хлестаков *(пишет)*. Вот вздор! Зачем?

Осип. Да так. Бог с ними со всеми! Погуляли здесь два денька – ну и довольно. Что с ними долго связываться? Плюньте на них! не ровен час, какой-нибудь другой наедет … ей-богу, Иван Алек-

1 **пощади́ть** (v.): schonen.
7 **зама́сленный:** verschmiert, fettig.
8 **перевали́ть** (v.): überschreiten, mehr sein.
22 **не ро́вен час** (umg.): urplötzlich, unvorhergesehen.

сандрович! А лошади тут славные – так бы закатили! …

Хлестаков *(пишет)*. Нет, мне еще хочется пожить здесь. Пусть завтра.

Осип. Да что завтра! Ей-богу, поедем, Иван Александрович! Оно хоть и большая честь вам, да все, знаете, лучше уехать скорее: ведь вас, право, за кого-то другого приняли … И батюшка будет гневаться, что так замешкались. Так бы, право, закатили славно! А лошадей бы важных здесь дали.

Хлестаков *(пишет)*. Ну, хорошо. Отнеси только наперед это письмо; пожалуй, вместе и подорожную возьми. Да зато, смотри, чтоб лошади хорошие были! Ямщикам скажи, что я буду давать по целковому; чтобы так, как фельдъегеря, катили и песни бы пели! … *(Продолжает писать.)* Воображаю, Тряпичкин умрет со смеху …

Осип. Я, сударь, отправлю его с человеком здешним, а сам лучше буду укладываться, чтоб не прошло понапрасну время.

Хлестаков *(пишет)*. Хорошо. Принеси только свечу.

Осип *(выходит и говорит за сценой)*. Эй, послушай, брат! Отнесешь письмо на почту, и скажи почтмейстеру, чтоб он принял без денег; да скажи, чтоб

1 f. **закати́ть** (v.): hier: losfahren, abhauen.
8 **гне́ваться** (uv., alt.): wütend werden, zornig sein.
9 **заме́шкаться** (v., umg.): sich zu lange aufhalten.
10 **ва́жный:** hier: erstklassig, prima.
14 **ямщи́к:** Postkutscher.
15 **фельдъе́герь:** Feldjäger; Militär- oder Regierungskurier.
19 **укла́дываться** (uv.): packen, einpacken.
20 **понапра́сну** (umg.): umsonst, unnütz.

сейчас привели к барину самую лучшую тройку, курьерскую; а прогону, скажи, барин не плотит: прогон, мол, скажи, казенный. Да чтоб все живее, а не то, мол, барин сердится. Стой, еще письмо не готово.

Хлестаков *(продолжает писать)*. Любопытно знать, где он теперь живет – в Почтамтской или Гороховой? Он ведь тоже любит часто переезжать с квартиры и недоплачивать. Напишу наудалую в Почтамтскую. *(Свертывает и надписывает.)*

(Осип приносит свечу. Хлестаков печатает. В это время слышен голос Держиморды: «Куда лезешь, борода? Говорят тебе, никого не велено пускать».)

(Дает Осипу письмо.) На, отнеси.

Голоса купцов. Допустите, батюшка! Вы не можете не допустить: мы за делом пришли.

Голос Держиморды. Пошел, пошел! Не принимает, спит.

(Шум увеличивается.)

Хлестаков. Что там такое, Осип? Посмотри, что за шум.

Осип *(глядя в окно)*. Купцы какие-то хотят войти, да не допускает квартальный. Машут бумагами: верно, вас хотят видеть.

Хлестаков *(подходя к окну)*. А что вы, любезные?

1 **тро́йка:** Gespann mit drei Pferden.
7 f. **Почта́мтская … Горо́ховая:** Straßennamen.
9 **наудалу́ю** (umg.): auf gut Glück, aufs Geratewohl.
10 **свёртывать** (uv.): hier: zusammenfalten (развёртывать: entfalten).
11 **печа́тать** (uv.): hier: versiegeln.
12 **лезть** (uv.): hineingehen, -drängen (поле́зть, v.: klettern).

Голоса купцов. К твоей милости прибегаем. Прикажи, государь, просьбу принять.

Хлестаков. Впустите их, впустите! пусть идут. Осип, скажи им: пусть идут.

(Осип уходит.)

(Принимает из окна просьбы, развертывает одну из них и читает:) «Его высокоблагородному светлости господину финансову от купца Абдулина …» Черт знает что: и чина такого нет!

Явление X

Хлестаков и купцы с кузовом вина и сахарными головами.

Хлестаков. А что вы, любезные?

Купцы. Челом бьем вашей милости!

Хлестаков. А что вам угодно?

Купцы. Не погуби, государь! Обижательство терпим совсем понапрасну.

Хлестаков. От кого?

Один из купцов. Да всё от городничего здешнего. Такого городничего никогда еще, государь, не было. Такие обиды чинит, что описать нельзя. Постоем

11 **ку́зов:** Korb.
11 f. **са́харная голова́:** Zuckerhut; wörtl.: Zuckerkopf, ein bis zu 1 Pud (16 kg) schweres Stück Zucker.
14 **бить** (uv.) **чело́м:** sich bis zur Erde verneigen, demütig bitten (чело́: Stirn).
16 **обижа́тельство:** Beleidigung, Kränkung.
21 **чини́ть** (uv.): hier: machen, begehen.
посто́й (alt.): Einquartierung.

совсем заморил, хоть в петлю полезай. Не по поступкам поступает. Схватит за бороду, говорит: «Ах ты, татарин!» Ей-богу! Если бы, то есть, чем-нибудь не уважили его, а то мы уж порядок всегда исполняем: что следует на платья супружнице его и дочке – мы против этого не стоим. Нет, вишь ты, ему всего этого мало – ей-ей! Придет в лавку и, что ни попадет, все берет. Сукна увидит штуку, говорит: «Э, милый, это хорошее суконце: снеси-ка его ко мне.» Ну и несешь, а в штуке-то будет без мала аршин пятьдесят.

Хлестаков. Неужели? Ах, какой же он мошенник!

Купцы. Ей-богу! такого никто не запомнит городничего. Так все и припрятываешь в лавке, когда его завидишь. То есть, не то уж говоря, чтоб какую деликатность, всякую дрянь берет: чернослив такой, что лет уже по семи лежит в бочке, что у меня сиделец не будет есть, а он целую горсть туда запустит. Именины его бывают на Антона, и уж, кажись, всего нанесешь, ни в чем не нуждается;

1 **хоть в пéтлю полезáй** (umg.): man könnte geradewegs den Strick nehmen, sich aufhängen (пéтля: Schlinge).
5 **слéдовать** (uv.): hier: nötig sein, gebraucht werden.
супрýжница: Ehefrau, Gattin.
9 **суконцó:** сукóнце, Dim. von сукнó: Stoff, Tuch.
10 **без мáла:** beinahe, fast.
14 **припря́тывать** (uv., umg.): verstecken.
16 **черносли́в:** Dörrpflaumen.
18 **сидéлец:** Gehilfe.
горсть (f.): Handvoll.
19 **имени́ны** (Pl.): Namenstag.
Антóн: der heilige Antonius der Große; sein Namenstag ist der 17. Januar.

нет, ему еще подавай: говорит, и на Онуфрия его именины. Что делать? и на Онуфрия несешь.

Хлестаков. Да это просто разбойник!

Купцы. Ей-ей! А попробуй прекословить, наведет к тебе в дом целый полк на постой. А если что, велит запереть двери. «Я тебя, говорит, не буду, говорит, подвергать телесному наказанию или пыткой пытать – это, говорит, запрещено законом, а вот ты у меня, любезный, поешь селедки!»

Хлестаков. Ах, какой мошенник! Да за это просто в Сибирь.

Купцы. Да уж куда милость твоя ни запровадит его, все будет хорошо, лишь бы, то есть, от нас подальше. Не побрезгай, отец наш, хлебом и солью: кланяемся тебе сахарцом и кузовком вина.

Хлестаков. Нет, вы этого не думайте: я не беру совсем никаких взяток. Вот если бы вы, например, предложили мне взаймы рублей триста – ну, тогда совсем дело другое: взаймы я могу взять.

Купцы. Изволь, отец наш! *(Вынимают деньги.)* Да что триста! Уж лучше пятьсот возьми, помоги только.

Хлестаков. Извольте: взаймы – я ни слова, я возьму.

Купцы *(подносят ему на серебряном подносе деньги)*. Уж, пожалуйста, и подносик вместе возьмите.

Хлестаков. Ну, и подносик можно.

1 **Ону́фрий:** der heilige Onuphrius; Namenstag ist der 12. Juni.
3 **разбо́йник:** Räuber.
4 **прекосло́вить** (uv., alt.): widersprechen, Einwand erheben.
7 **теле́сный:** körperlich.
12 **запрова́дить** (v.): wegschicken, verbannen.
14 **побре́згать** (v.): verschmähen, zurückweisen.
23 **подно́с:** Tablett, Präsentierteller.

Купцы *(кланяясь)*. Так уж возьмите за одним разом и сахарцу.

Хлестаков. О нет, я взяток никаких …

Осип. Ваше высокоблагородие! зачем вы не берете? Возьмите! в дороге все пригодится. Давай сюда головы и кулек! Подавай все! все пойдет впрок. Что там? веревочка? Давай и веревочку – и веревочка в дороге пригодится: тележка обломается или что другое, подвязать можно.

Купцы. Так уж сделайте такую милость, ваше сиятельство. Если уже вы, то есть, не поможете в нашей просьбе, то уж не знаем, как и быть: просто хоть в петлю полезай.

Хлестаков. Непременно, непременно! Я постараюсь. *(Купцы уходят. Слышен голос женщины: «Нет, ты не смеешь не допустить меня! Я на тебя нажалуюсь ему самому. Ты не толкайся так больно!»)* Кто там? *(Подходит к окну.)* А, что ты, матушка?

Голоса двух женщин. Милости твоей, отец, прошу! Повели, государь, выслушать!

Хлестаков *(в окно)*. Пропустить ее.

Явление XI

Хлестаков, слесарша и унтер-офицерша.

Слесарша *(кланяясь в ноги)*. Милости прошу …

Унтер-офицерша. Милости прошу …

5 **пригоди́ться**/годи́ться (v./uv.): geeignet sein, taugen.
6 **кулёк:** Papiertüte, -sack.
впрок: zu Nutzen, nützlich.
7 **верёвочка:** Strick, Leine.

Хлестаков. Да что вы за женщины?

Унтер-офицерша. Унтер-офицерская жена Иванова.

Слесарша. Слесарша, здешняя мещанка, Февронья Петрова Пошлепкина, отец мой …

Хлестаков. Стой, говори прежде одна. Что тебе нужно?

Слесарша. Милости прошу: на городничего челом бью! Пошли ему бог всякое зло! Чтоб ни детям его, ни ему, мошеннику, ни дядьям, ни теткам его ни в чем никакого прибытку не было!

Хлестаков. А что?

Слесарша. Да мужу-то моему приказал забрить лоб в солдаты, и очередь-то на нас не припадала, мошенник такой! да и по закону нельзя: он женатый.

Хлестаков. Как же он мог это сделать?

Слесарша. Сделал мошенник, сделал – побей бог его и на том и на этом свете! Чтобы ему, если и тетка есть, то и тетке всякая пакость, и отец если жив у него, то чтоб и он, каналья, околел или поперхнулся навеки, мошенник такой! Следовало взять сына портного, он же и пьянюшка был, да родители богатый подарок дали, так он и присыкнулся к сыну

6 f. **бить чело́м** (uv.; на + Akk.): hier: sich über jdn. beschweren.
9 **прибы́ток:** Gewinn, Vorteil.
11 f. **забри́ть** (v.) **лоб в солда́ты** (alt.): zu den Soldaten gehen; wörtl.: die Stirn als Soldat rasieren. Seit Peter I. wurde den Rekruten, die 25 Jahre Militärdienst leisten mussten, das Stirnhaar geschoren, damit sie sich dem Einziehungsbefehl nicht so leicht entziehen konnten.
17 **па́кость:** Unheil, Übel.
18 **околе́ть** (v.): krepieren.
поперхну́ться (v., umg.): sich die Seele aus dem Leib husten.
19 **наве́ки:** auf ewig.
21 **присы́кнуться** (v.): sich an jdn. heranmachen.

купчихи Пантелеевой, а Пантелеева тоже подослала к супруге полотна три штуки; так он ко мне. «На что, говорит, тебе муж? он уж тебе не годится.» Да я-то знаю – годится или не годится; это мое дело, мошенник такой! «Он, говорит, вор; хоть он теперь и не украл, да все равно, говорит, он украдет, его и без того на следующий год возьмут в рекруты.» Да мне-то каково без мужа, мошенник такой! Я слабый человек, подлец ты такой! Чтоб всей родне твоей не довелось видеть света божьего! А если есть теща, то чтоб и теще …

Хлестаков. Хорошо, хорошо. Ну, а ты? *(Выпровожает старуху.)*

Слесарша *(уходя)*. Не позабудь, отец наш! будь милостив!

Унтер-офицерша. На городничего, батюшка, пришла …

Хлестаков. Ну, да что, зачем? говори в коротких словах.

Унтер-офицерша. Высек, батюшка!

Хлестаков. Как?

Унтер-офицерша. По ошибке, отец мой! Бабы-то наши задрались на рынке, а полиция не подоспела, да и схватил меня. Да так отрапортовали: два дни сидеть не могла.

Хлестаков. Так что ж теперь делать?

2 **полотно́:** Leinen(tuch).
10 **довести́сь** (v.): gelingen, zukommen.
23 **подоспе́ть** (v., umg.): rechtzeitig kommen.
24 **отрапортова́ть** (v.): melden; hier: verprügeln.
два дни (alt., heute: два дня): zwei Tage.

Унтер-офицерша. Да делать-то, конечно, нечего. А за ошибку-то повели ему заплатить штрафт. Мне от своего счастья неча отказываться, а деньги бы мне теперь очень пригодились.

Хлестаков. Хорошо, хорошо. Ступайте, ступайте! я распоряжусь.

(В окно высовываются руки с просьбами.)

Да кто там еще? *(Подходит к окну.)* Не хочу, не хочу! Не нужно, не нужно! *(Отходя.)* Надоели, черт возьми! Не впускай, Осип!

Осип *(кричит в окно)*. Пошли, пошли! Не время, завтра приходите!

(Дверь отворяется, и выставляется какая-то фигура во фризовой шинели, с небритою бородою, раздутою губою и перевязанною щекою; за нею в перспективе показывается несколько других.)

Пошел, пошел! чего лезешь? *(Упирается первому руками в брюхо и выпирается вместе с ним в прихожую, захлопнув за собою дверь.)*

Явление XII

Хлестаков и Марья Антоновна.

Марья Антоновна. Ах!

Хлестаков. Отчего вы так испугались, сударыня?

Марья Антоновна. Нет, я не испугалась.

2 **штрафт:** gemeint: штраф.
14 **фри́зовая шине́ль** (alt.): Mantel aus Fries (dicke, grobe Wolle).
15 **перевяза́ть** (v.): verbinden.
19 **захло́пнуть** (v.): zuschlagen.

Хлестаков *(рисуется)*. Помилуйте, сударыня, мне очень приятно, что вы меня приняли за такого человека, который … Осмелюсь ли спросить вас: куда вы намерены были идти?

Марья Антоновна. Право, я никуда не шла.

Хлестаков. Отчего же, например, вы никуда не шли?

Марья Антоновна. Я думала, не здесь ли маменька …

Хлестаков. Нет, мне хотелось бы знать, отчего вы никуда не шли?

Марья Антоновна. Я вам помешала. Вы занимались важными делами.

Хлестаков *(рисуется)*. А ваши глаза лучше, нежели важные дела … Вы никак не можете мне помешать, никаким образом не можете; напротив того, вы можете принесть удовольствие.

Марья Антоновна. Вы говорите по-столичному.

Хлестаков. Для такой прекрасной особы, как вы. Осмелюсь ли быть так счастлив, чтобы предложить вам стул? Но нет, вам должно не стул, а трон.

Марья Антоновна. Право, я не знаю … мне так нужно было идти. *(Села.)*

Хлестаков. Какой у вас прекрасный платочек!

Марья Антоновна. Вы насмешники, лишь бы только посмеяться над провинциальными.

Хлестаков. Как бы я желал, сударыня, быть вашим платочком, чтобы обнимать вашу лилейную шейку.

Марья Антоновна. Я совсем не понимаю, о чем вы

12 **не́жели:** als (Vergleichswort; чем).
22 **плато́чек:** Tüchlein; Dim. von плато́к.
26 **обнима́ть** (uv.): umarmen.
лиле́йная ше́йка: lilienweißes Hälschen.

говорите: какой-то платочек … Сегодня какая странная погода!

Хлестаков. А ваши губки, сударыня, лучше, нежели всякая погода.

Марья Антоновна. Вы всё эдакое говорите … Я бы вас попросила, чтоб вы мне написали лучше на память какие-нибудь стишки в альбом. Вы, верно, их знаете много.

Хлестаков. Для вас, сударыня, все что хотите. Требуйте, какие стихи вам?

Марья Антоновна. Какие-нибудь эдакие – хорошие, новые.

Хлестаков. Да что стихи! я много их знаю.

Марья Антоновна. Ну, скажите же, какие же вы мне напишете?

Хлестаков. Да к чему же говорить? я и без того их знаю.

Марья Антоновна. Я очень люблю их …

Хлестаков. Да у меня много их всяких. Ну, пожалуй, я вам хоть это: «О ты, что в горести напрасно на бога ропщешь, человек! …» Ну и другие … теперь не могу припомнить; впрочем, это все ничего. Я вам лучше вместо этого представлю мою любовь, которая от вашего взгляда … *(Придвигая стул.)*

Марья Антоновна. Любовь! Я не понимаю любовь … я никогда и не знала, что за любовь … *(Отдвигает стул.)*

Хлестаков *(придвигая стул)*. Отчего ж вы отдвигаете

20 f. **О ты, что в го́рести напра́сно на бо́га ро́пщешь, челове́к:** »Oh Mensch, der du in deinem Kummer / Vergeblich murrest gegen Gott«; Anfangszeilen der »Oda vybrannaja iz Iova« (»Ode aus dem Buch Hiob«) von Michail Lomonosov (1711–1765).

свой стул? Нам лучше будет сидеть близко друг к другу.

Марья Антоновна *(отдвигаясъ)*. Для чего ж близко? все равно и далеко.

Хлестаков *(придвигаясь)*. Отчего ж далеко? все равно и близко.

Марья Антоновна *(отдвигается)*. Да к чему ж это?

Хлестаков *(придвигаясь)*. Да ведь это вам кажется только, что близко; а вы вообразите себе, что далеко. Как бы я был счастлив, сударыня, если б мог прижать вас в свои объятия.

Марья Антоновна *(смотрит в окно)*. Что это там как будто бы полетело? Сорока или какая другая птица?

Хлестаков *(целует ее в плечо и смотрит в окно)*. Это сорока.

Марья Антоновна *(встает в негодовании)*. Нет, это уж слишком … Наглость такая! …

Хлестаков *(удерживая ее)*. Простите, сударыня: я это сделал от любви, точно от любви.

Марья Антоновна. Вы почитаете меня за такую провинциалку … *(Силится уйти.)*

Хлестаков *(продолжая удерживать ее)*. Из любви, право, из любви. Я так только, пошутил, Марья Антоновна, не сердитесь! Я готов на коленках у вас просить прощения. *(Падает на колени.)* Простите же, простите! Вы видите, я на коленях.

11 **объя́тие:** Umarmung.
13 **соро́ка:** Elster.
16 **негодова́ние:** Entrüstung, Empörung.
17 **на́глость:** Unverschämtheit, Frechheit.

Явление XIII

Те же и Анна Андреевна.

Анна Андреевна *(увидев Хлестакова на коленях)*. Ах, какой пассаж!

Хлестаков *(вставая)*. А, черт возьми!

Анна Андреевна *(дочери)*. Это что значит, сударыня? Это что за поступки такие?

Марья Антоновна. Я, маменька …

Анна Андреевна. Поди прочь отсюда! слышишь: прочь, прочь! И не смей показываться на глаза. *(Марья Антоновна уходит в слезах.)*

Извините, я, признаюсь, приведена в такое изумление …

Хлестаков *(в сторону)*. А она тоже очень аппетитна, очень недурна. *(Бросается на колени.)* Сударыня, вы видите, я сгораю от любви.

Анна Андреевна. Как, вы на коленях? Ах, встаньте, встаньте! здесь пол совсем нечист.

Хлестаков. Нет, на коленях, непременно на коленях! Я хочу знать, что такое мне суждено: жизнь или смерть.

Анна Андреевна. Но позвольте, я еще не понимаю вполне значения слов. Если не ошибаюсь, вы делаете декларацию насчет моей дочери?

Хлестаков. Нет, я влюблен в вас. Жизнь моя на волоске. Если вы не увенчаете постоянную любовь мою, то

23 f. **де́лать деклара́цию:** einen (Heirats-)Antrag machen.
25 **жизнь моя́ на волоске́:** mein Leben (hängt) an einem Faden (волосо́к: Härchen).
26 **увенча́ть** (v.): krönen.

я недостоин земного существования. С пламенем в груди прошу руки вашей.

Анна Андреевна. Но позвольте заметить: я в некотором роде … я замужем.

Хлестаков. Это ничего! Для любви нет различия; и Карамзин сказал: «Законы осуждают.» Мы удалимся под сень струй … Руки вашей, руки прошу!

Явление XIV

Те же и Марья Антоновна, вдруг вбегает.

Марья Антоновна. Маменька, папенька сказал, чтобы вы … *(Увидя Хлестакова на коленях, вскрикивает.)* Ах, какой пассаж!

Анна Андреевна. Ну что ты? к чему? зачем? Что за ветреность такая! Вдруг вбежала, как угорелая кошка. Ну что ты нашла такого удивительного? Ну что тебе вздумалось? Право, как дитя какое-нибудь трехлетнее. Не похоже, не похоже, совершенно не

1 **пла́мя** (n.; Gen.: пла́мени): Flamme.

6 **Карамзи́н сказал: »Зако́ны осужда́ют«:** Das Zitat entstammt einem Gedicht von Nikolaj Karamzin (1776–1826). Es beginnt: »Die Gesetze verurteilen / Den Gegenstand meiner Liebe« und wurde zu einer gern gesungenen Romanze.

6f. **Мы удали́мся под сень струй:** Wir begeben uns unter den schützenden Schatten (сень, f.; lit.) der Fluten (струя́: Strahl, Strom). Das missglückte Bild (Fluten werfen keine Schatten) kennzeichnet den hochtrabenden Redestil Chlestakows.

14 **ве́треность:** Leichtfertigkeit, Flatterhaftigkeit.

14f. **как угоре́лая ко́шка** (umg.): wie wahnsinnig, wie besessen (wörtl.: wie eine gebrannte Katze).

похоже на то, чтобы ей было восемнадцать лет. Я не знаю, когда ты будешь благоразумнее, когда ты будешь вести себя, как прилично благовоспитанной девице; когда ты будешь знать, что такое хорошие правила и солидность в поступках.

Марья Антоновна *(сквозь слезы)*. Я, право, маменька, не знала …

Анна Андреевна. У тебя вечно какой-то сквозной ветер разгуливает в голове; ты берешь пример с дочерей Ляпкина-Тяпкина. Что тебе глядеть на них? не нужно тебе глядеть на них. Тебе есть примеры другие – перед тобою мать твоя. Вот каким примерам ты должна следовать.

Хлестаков *(схватывая за руку дочь)*. Анна Андреевна, не противьтесь нашему благополучию, благословите постоянную любовь!

Анна Андреевна *(с изумлением)*. Так вы в нее? …

Хлестаков. Решите: жизнь или смерть?

Анна Андреевна. Ну вот видишь, дура, ну вот видишь: из-за тебя, этакой дряни, гость изволил стоять на коленях; а ты вдруг вбежала как сумасшедшая. Ну вот, право, сто́ит, чтобы я нарочно отказала: ты недостойна такого счастия.

Марья Антоновна. Не буду, маменька. Право, вперед не буду.

4 **деви́ца:** Jungfrau, junge Frau.
8 f. **сквозно́й ве́тер:** Zugluft.
9 **разгу́ливать** (uv., umg.): umherspazieren.
15 **проти́виться** (uv.): sich widersetzen, Widerstand leisten.
15 f. **благослови́ть**/благословля́ть (v./uv.): segnen, den Segen (благослове́ние) erteilen.
21 **сумасше́дший:** Verrückter.

Явление XV

Те же и городничий впопыхах.

Городничий. Ваше превосходительство! не погубите! не погубите!

Хлестаков. Что с вами?

Городничий. Там купцы жаловались вашему превосходительству. Честью уверяю, и наполовину нет того, что они говорят. Они сами обманывают и обмеривают народ. Унтер-офицерша налгала вам, будто бы я ее высек; она врет, ей-богу врет. Она сама себя высекла.

Хлестаков. Провались унтер-офицерша – мне не до нее!

Городничий. Не верьте, не верьте! Это такие лгуны … им вот эдакой ребенок не поверит. Они уж и по всему городу известны за лгунов. А насчет мошенничества, осмелюсь доложить: это такие мошенники, каких свет не производил.

Анна Андреевна. Знаешь ли ты, какой чести удостоивает нас Иван Александрович? Он просит руки нашей дочери.

Городничий. Куда! куда! … Рехнулась, матушка! Не

8 **обма́нывать**/обману́ть (uv./v.): betrügen.
9 **обме́ривать** (uv.): falsch abmessen, beim Messen übervorteilen.
налга́ть (v.): die Hucke volllügen.
12 **провали́сь:** hol (sie) der Henker.
14 **лгун** (Gen.: -á): Lügner.
19 f. **удосто́ивать** (uv.) **че́сти:** Ehre erweisen.
22 **куда́! куда́!:** hier: ei ei! das ist ja noch schöner!
рехну́ться (v., umg.): überschnappen, verrückt werden.

извольте гневаться, ваше превосходительство: она немного с придурью, такова же была и мать ее.

Хлестаков. Да, я точно прошу руки. Я влюблен.

Городничий. Не могу верить, ваше превосходительство!

Анна Андреевна. Да когда говорят тебе?

Хлестаков. Я не шутя вам говорю … Я могу от любви свихнуть с ума.

Городничий. Не смею верить, недостоин такой чести.

Хлестаков. Да, если вы не согласитесь отдать руки Марьи Антоновны, то я черт знает что готов …

Городничий. Не могу верить: изволите шутить, ваше превосходительство!

Анна Андреевна. Ах, какой чурбан в самом деле! Ну, когда тебе толкуют?

Городничий. Не могу верить.

Хлестаков. Отдайте, отдайте! Я отчаянный человек, я решусь на все: когда застрелюсь, вас под суд отдадут.

Городничий. Ах, боже мой! Я, ей-ей, не виноват ни душою, ни телом. Не извольте гневаться! Извольте поступать так, как вашей милости угодно! У меня, право, в голове теперь … я и сам не знаю, что делается. Такой дурак теперь сделался, каким еще никогда не бывал.

Анна Андреевна. Ну, благословляй!

(Хлестаков подходит с Марьей Антоновной.)

Городничий. Да благословит вас бог, а я не виноват.

2 **с при́дурью** (umg.): wunderlich, beschränkt.
7 **свихну́ть с ума́** (v., umg.): den Verstand verlieren.
13 **чурба́н** (umg.): Dummkopf, Tölpel.
16 **отча́янный:** verzweifelt.
17 **застрели́ться** (v.): sich erschießen.

(Хлестаков целуется с Марьей Антоновной. Городничий смотрит на них.)
Что за черт! в самом деле! *(Протирает глаза.)* Целуются! Ах, батюшки, целуются! Точный жених! *(Вскрикивает, подпрыгивает от радости.)* Ай, Антон! Ай, Антон! Ай, городничий! Вона, как дело-то пошло!

Явление XVI

Те же и Осип.

Осип. Лошади готовы.

Хлестаков. А, хорошо … я сейчас.

Городничий. Как-с? Изволите ехать?

Хлестаков. Да, еду.

Городничий. А когда же, то есть … вы изволили сами намекнуть насчет, кажется, свадьбы?

Хлестаков. А это … На одну минуту только … на один день к дяде – богатый старик; а завтра же и назад.

Городничий. Не смеем никак удерживать, в надежде благополучного возвращения.

Хлестаков. Как же, как же, я вдруг. Прощайте, любовь моя … нет, просто не могу выразить! Прощайте, душенька! *(Целует ее ручку.)*

Городничий. Да не нужно ли вам в дорогу чего-нибудь? Вы изволили, кажется, нуждаться в деньгах?

3 **протирáть** (uv.): reiben, wischen.
6 **вóна** (umg.): da schau her, sieh an.
15 **намекнýть** (v.): andeuten, anspielen (намёк: Anspielung, Wink).

Хлестаков. О нет, к чему это? *(Немного подумав.)* А впрочем, пожалуй.

Городничий. Сколько угодно вам?

Хлестаков. Да вот тогда вы дали двести, то есть не двести, а четыреста, – я не хочу воспользоваться вашею ошибкою, – так, пожалуй, и теперь столько же, чтобы уже ровно было восемьсот.

Городничий. Сейчас! *(Вынимает из бумажника.)* Еще, как нарочно, самыми новенькими бумажками.

Хлестаков. А, да! *(Берет и рассматривает ассигнации.)* Это хорошо. Ведь это, говорят, новое счастье, когда новенькими бумажками.

Городничий. Так точно-с.

Хлестаков. Прощайте, Антон Антонович! Очень обязан за ваше гостеприимство. Я признаюсь от всего сердца: мне нигде не было такого хорошего приема. Прощайте, Анна Андреевна! Прощайте, моя душенька Марья Антоновна!

(Выходят.)

(За сценой:)

Голос Хлестакова. Прощайте, ангел души моей Марья Антоновна!

Голос городничего. Как же это вы? прямо так на перекладной и едете?

Голос Хлестакова. Да, я привык уж так. У меня голова болит от рессор.

Голос ямщика. Тпр …

24 **перекладнóй:** zum Umspannen bestimmt; Postkutsche mit Pferdewechsel an den Poststationen.

26 **рессóра:** Wagenfeder, Federung.

27 **тпр:** brr!

Голос городничего. Так, по крайней мере, чем-нибудь застлать, хотя бы ковриком. Не прикажете ли, я велю подать коврик?

Голос Хлестакова. Нет, зачем? это пустое; а впрочем, пожалуй, пусть дают коврик.

Голос городничего. Эй, Авдотья! ступай в кладовую, вынь ковер самый лучший – что по голубому полю, персидский. Скорей!

Голос ямщика. Тпр …

Голос городничего. Когда же прикажете ожидать вас?

Голос Хлестакова. Завтра или послезавтра.

Голос Осипа. А, это ковер? давай его сюда, клади вот так! Теперь давай-ка с этой стороны сена.

Голос ямщика. Тпр …

Голос Осипа. Вот с этой стороны! сюда! еще! хорошо. Славно будет. *(Бьет рукою по ковру.)* Теперь садитесь, ваше благородие!

Голос Хлестакова. Прощайте, Антон Антонович!

Голос городничего. Прощайте, ваше превосходительство!

Женские голоса. Прощайте, Иван Александрович!

Голос Хлестакова. Прощайте, маменька!

Голос ямщика. Эй вы, залетные!

(Колокольчик звенит. Занавес опускается.)

2 **застла́ть** (v.): auslegen, bedecken.
ко́врик: Dim. von ковёр.

23 **эй вы, залётные:** nun aber los, ihr fliegenden (Rosse).

Действие пятое

Та же комната.

Явление I

Городничий, Анна Андреевна и Марья Антоновна.

Городничий. Что, Анна Андреевна? а? Думала ли ты что-нибудь об этом? Экой богатый приз, канальство! Ну, признайся откровенно: тебе и во сне не виделось – просто из какой-нибудь городничихи и вдруг … фу ты, канальство! … с каким дьяволом породнилась!

Анна Андреевна. Совсем нет; я давно это знала. Это тебе в диковинку, потому что ты простой человек, никогда не видел порядочных людей.

Городничий. Я сам, матушка, порядочный человек. Однако ж, право, как подумаешь, Анна Андреевна, какие мы с тобой теперь птицы сделались! а, Анна Андреевна? Высокого полета, черт побери! Постой же, теперь же я задам перцу всем этим охотникам подавать просьбы и доносы. Эй, кто там?

(Входит квартальный.)

А, это ты, Иван Карпович! Призови-ка сюда, брат, купцов. Вот я их, каналий! Так жаловаться на меня?

6 **приз:** hier: Beute, Prise.
кана́льство (umg.): verdammt noch mal!, Donnerwetter!
9 f. **породни́ться** (v.): verwandt werden, sich verschwägern.
12 **в дико́винку:** verwunderlich, erstaunlich.

Вишь ты, проклятый иудейский народ! Постойте ж, голубчики! Прежде я вас кормил до усов только, а теперь накормлю до бороды. Запиши всех, кто только ходил бить челом на меня, и вот этих больше всего писак, писак, которые закручивали им просьбы. Да объяви всем, чтоб знали: что вот, дискать, какую честь бог послал городничему, – что выдает дочь свою не то чтобы за какого-нибудь простого человека, а за такого, что и на свете еще не было, что может все сделать, все, все, все! Всем объяви, чтобы все знали. Кричи во весь народ, валяй в колокола, черт возьми! Уж когда торжество, так торжество!

(Квартальный уходит.)

Так вот как, Анна Андреевна, а? Как же мы теперь, где будем жить? здесь или в Питере?

Анна Андреевна. Натурально, в Петербурге. Как можно здесь оставаться!

Городничий. Ну, в Питере так в Питере; а оно хорошо

1 **иуде́йский наро́д:** Judenvolk; der Stadthauptmann flucht mit einem antisemitischen Stereotyp seiner Zeit.

2 f. **пре́жде я вас корми́л до усо́в то́лько, а тепе́рь накормлю́ до бороды́:** hier: bisher habe ich euch nur ein bisschen getriezt, jetzt geht's ans Eingemachte; wörtl.: erst habe ich euch bis zum Schnurrbart hochgepäppelt, jetzt stopfe ich euch voll bis zum Vollbart; Anspielung auf ein etwa gleich lautendes Sprichwort über Eltern, die ihre Kinder bis zur Volljährigkeit (Bart!) ernähren müssen.

5 **писа́ка:** Schreiberling, Schmierfink.
закру́чивать (uv.): hier: drechseln, hindrehen.

7 **ди́скать** (alt., heute: де́скать): Wie мол (s. S. 95) ist auch die Partikel де́скать ein Signal für die Wiedergabe wörtlicher Rede.

11 f. **валя́й в колокола́:** los, lass die Glocken läuten.

бы и здесь. Что, ведь, я думаю, уже городничество тогда к черту, а, Анна Андреевна?

Анна Андреевна. Натурально, что за городничество!

Городничий. Ведь оно, как ты думаешь, Анна Андреевна, теперь можно большой чин зашибить, потому что он запанибрата со всеми министрами и во дворец ездит, так поэтому может такое производство сделать, что со временем и в генералы влезешь. Как ты думаешь, Анна Андреевна: можно влезть в генералы?

Анна Андреевна. Еще бы! конечно, можно.

Городничий. А, черт возьми, славно быть генералом! Кавалерию повесят тебе через плечо. А какую кавалерию лучше, Анна Андреевна: красную или голубую?

Анна Андреевна. Уж конечно, голубую лучше.

Городничий. Э? вишь, чего захотела! хорошо и красную. Ведь почему хочется быть генералом? – потому что, случится, поедешь куда-нибудь – фельдъегеря и адъютанты поскачут везде вперед: «Лошадей!» И там на станциях никому не дадут, все дожидается: все эти титулярные, капитаны, городничие, а ты себе и в ус не дуешь. Обедаешь где-нибудь у губернатора, а там – стой, городничий! Хе, хе, хе! *(Заливается*

5 **зашиби́ть** (v., umg.): ergattern.
6 **запанибра́та** (umg.): auf du und du, familiär.
7 f. **произво́дство:** hier: Beförderung.
10 **влезть** (v.) **в генера́лы:** zum General aufsteigen.
13 **кавале́рия:** Kavaliersband; am blauen Ordensband wurde der höchste, am roten der zweithöchste Orden getragen.
22 f. **ты себе́ и в ус не ду́ешь** (umg.): du brauchst dich um nichts zu kümmern.
24 **залива́ться** (uv.): laut auflachen.

и помирает со смеху.) Вот что, канальство, заманчиво!

Анна Андреевна. Тебе все такое грубое нравится. Ты должен помнить, что жизнь нужно совсем переменить, что твои знакомые будут не то что какой-нибудь судья-собачник, с которым ты ездишь травить зайцев, или Земляника; напротив, знакомые твои будут с самым тонким обращением: графы и все светские … Только я, право, боюсь за тебя: ты иногда вымолвишь такое словцо, какого в хорошем обществе никогда не услышишь.

Городничий. Что ж? ведь слово не вредит.

Анна Андреевна. Да хорошо, когда ты был городничим. А там ведь жизнь совершенно другая.

Городничий. Да, там, говорят, есть две рыбицы: ряпушка и корюшка, такие, что только слюнка потечет, как начнешь есть.

Анна Андреевна. Ему всё бы только рыбки! Я не иначе хочу, чтоб наш дом был первый в столице и чтоб у меня в комнате такое было амбре, чтоб нельзя было войти и нужно бы только этак зажмурить глаза. *(Зажмуривает глаза и нюхает.)* Ах, как хорошо!

1 **помира́ть** (uv.) **со́ смеху:** sich totlachen.
6 **соба́чник:** Hundeliebhaber.
15 **ры́бица:** Fischlein, Fischart.
15 f. **ря́пушка:** Zwergmaräne.
16 **ко́рюшка:** Stint.
16 f. **слю́нка потечёт** (v.): da läuft einem das Wasser im Mund zusammen (слю́нка: Speichel).
20 **а́мбре:** Amber, Ambra; Duftstoff, der zur Parfümherstellung benutzt wurde.
21 **зажму́рить**/зажму́ривать (v./uv.): zukneifen, schließen.

Явление II

Те же и купцы.

Городничий. А! Здорово, соколики!

Купцы *(кланяясь)*. Здравия желаем, батюшка!

Городничий. Что, голубчики, как поживаете? как товар идет ваш? Что, самоварники, аршинники, жаловаться? Архиплуты, протобестии, надувалы морские! жаловаться? Что, много взяли? Вот, думают, так в тюрьму его и засадят! … Знаете ли вы, семь чертей и одна ведьма вам в зубы, что …

Анна Андреевна. Ах, боже мой, какие ты, Антоша, слова отпускаешь!

Городничий *(с неудовольствием)*. А, не до слов теперь! Знаете ли, что тот самый чиновник, которому вы жаловались, теперь женится на моей дочери? Что? а? что теперь скажете? Теперь я вас … у! … обманываете народ … Сделаешь подряд с казною, на сто тысяч надуешь ее, поставивши гнилого сукна,

3 **сокóлик:** Dim. von сóкол: Falke.

6 **самовáрник:** Samowarhändler.
аршúнник: Ellenabmesser, Stoffhändler.

7 **архиплýт:** Erzgauner.
протобéстие: Oberbestie.
надувáла (m.): Betrüger (надýть, v.: betrügen).

9 f. **семь чертéй и однá вéдьма вам в зýбы:** sieben Teufel und eine Hexe sollen über euch kommen.

17 **сдéлаешь подря́д с казнóю:** du ergatterst einen Staatsauftrag. Ab hier spricht der Stadthauptmann die Kaufleute mit der herabwürdigenden 2. Person Singular an.

18 **гнилóй:** verfault, vermodert.

да потом пожертвуешь двадцать аршин, да и давай тебе еще награду за это? Да если б знали, так бы тебе … И брюхо сует вперед: он купец; его не тронь. «Мы, говорит, и дворянам не уступим.» Да дворянин … ах ты, рожа! – дворянин учится наукам: его хоть и секут в школе, да за дело, чтоб он знал полезное. А ты что? – начинаешь плутнями, тебя хозяин бьет за то, что не умеешь обманывать. Еще мальчишка, «Отче наша» не знаешь, а уж обмериваешь; а как разопрет тебе брюхо да набьешь себе карман, так и заважничал! Фу ты, какая невидаль! Оттого, что ты шестнадцать самоваров выдуешь в день, так оттого и важничаешь? Да я плевать на твою голову и на твою важность!

Купцы *(кланяясь)*. Виноваты, Антон Антонович!

Городничий. Жаловаться? А кто тебе помог сплутовать, когда ты строил мост и написал дерева на двадцать тысяч, тогда как его и на сто рублей не было? Я помог тебе, козлиная борода! Ты позабыл это? Я, показавши это на тебя, мог бы тебя также спровадить в Сибирь. Что скажешь? а?

1 **поже́ртвовать** (v.): opfern.
3 **сова́ть** (сую́, -ёшь; uv.): herausstrecken.
5 **ро́жа:** hier: Großmaul; wörtl.: Visage, Fresse.
9 **о́тче наш:** das Vaterunser. О́тче ist der Vokativ, die Anredeform, von оте́ц (Vater); vgl. den Vokativ von бог (Gott): бо́же (in dem Ausruf бо́же мой!).
10 **разопре́ть** (v.): aufquellen, dick werden.
наби́ть (v.): vollstopfen.
11 **зава́жничать** (uv., umg.): wichtig werden, großtun.
11 f. **кака́я не́видаль:** was ist daran Besonderes! Wie wunderbar!
12 f. **вы́дуть** (v., umg.): hier: austrinken, leeren.
19 **козли́ная борода́:** Ziegenbart.

Один из купцов. Богу виноваты, Антон Антонович! Лукавый попутал. И закаемся вперед жаловаться. Уж какое хошь удовлетворение, не гневись только!

Городничий. Не гневись! Вот ты теперь валяешься у ног моих. Отчего? – оттого, что мое взяло; а будь хоть немножко на твоей стороне, так ты бы меня, каналья, втоптал в самую грязь, еще бы и бревном сверху навалил.

Купцы *(кланяются в ноги)*. Не погуби, Антон Антонович!

Городничий. Не погуби! Теперь: не погуби! а прежде что? Я бы вас … *(Махнув рукой.)* Ну, да бог простит! полно! Я не памятозлобен; только теперь смотри держи ухо востро! Я выдаю дочку не за какого-нибудь простого дворянина: чтоб поздравление было … понимаешь? не то чтоб отбояриться каким-нибудь балычком или головою сахару … Ну, ступай с богом!

(Купцы уходят.)

2 **лука́вый попу́тал** (v.): der Böse hat uns verführt. Лука́вый (der krumme Hund, der Hinterlistige) – verwandt mit лук (Bogen, Krümmung) – ist Tabuwort für ›Teufel‹.
зака́яться (v.): geloben, etw. nicht mehr zu tun, abschwören.

3 **хошь:** хо́чешь.

6 **что моё взя́ло:** weil ich gewonnen habe.

8 **втопта́ть** (v.): (hinein)treten.

14 **памятозло́бный:** nachtragend.

17 **отбоя́риться** (v., umg.): sich geschickt (wie ein Bojar) herauswinden, sich drücken.

18 **балычо́к:** Dim. von балы́к: gedörrter Stör.

Явление III

Те же, Аммос Федорович, Артемий Филиппович, потом Растаковский.

Аммос Федорович *(еще в дверях)*. Верить ли слухам, Антон Антонович? к вам привалило необыкновенное счастие?

Артемий Филиппович. Имею честь поздравить с необыкновенным счастием. Я душевно обрадовался, когда услышал. *(Подходит к ручке Анны Андреевны.)* Анна Андреевна! *(Подходя к ручке Марьи Антоновны.)* Марья Антоновна!

Растаковский *(входит)*. Антона Антоновича поздравляю. Да продлит бог жизнь вашу и новой четы и даст вам потомство многочисленное, внучат и правнучат! Анна Андреевна! *(Подходит к ручке Анны Андреевны.)* Марья Антоновна! *(Подходит к ручке Марьи Антоновны.)*

Явление IV

Те же, Коробкин с женою, Люлюков.

Коробкин. Имею честь поздравить Антона Антоновича! Анна Андреевна! *(Подходит к ручке Анны*

5 **привали́ть** (v., umg.): hier: auf jdn. zukommen, widerfahren.
8 **душе́вно:** von Herzen, herzlich.
13 **продли́ть** (v.): verlängern; hier: ein langes Leben geben.
14 **пото́мство:** Nachkommenschaft.
внучёнок (Pl.: внуча́та): Enkelchen (правнучёнок: Urenkelchen).

Андреевны.) Марья Антоновна! *(Подходит к ее ручке.)*

Жена Коробкина. Душевно поздравляю вас, Анна Андреевна, с новым счастием.

Люлюков. Имею честь поздравить, Анна Андреевна! *(Подходит к ручке и потом, обратившись к зрителям, щелкает языком с видом удальства.)* Марья Антоновна! Имею честь поздравить. *(Подходит к ее ручке и обращается к зрителям с тем же удальством.)*

Явление V

Множество гостей в сюртуках и фраках подходят сначала к ручке Анны Андреевны, говоря: «Анна Андреевна!» – потом к Марье Антоновне, говоря: «Марья Антоновна!»

Бобчинский и Добчинский проталкиваются.

Бобчинский. Имею честь поздравить!

Добчинский. Антон Антонович! имею честь поздравить!

Бобчинский. С благополучным происшествием!

Добчинский. Анна Андреевна!

Бобчинский. Анна Андреевна!

(Оба подходят в одно время и сталкиваются лбами.)

Добчинский. Марья Антоновна! *(Подходит к ручке.)*

7 **щёлкать** (uv.): (mit der Zunge) schnalzen.
удальствó: Verwegenheit, Kühnheit.

Честь имею поздравить. Вы будете в большом, большом счастии, в золотом платье ходить и деликатные разные супы кушать; очень забавно будете проводить время.

Бобчинский *(перебивая)*. Марья Антоновна, имею честь поздравить! Дай бог вам всякого богатства, червонцев и сынка-с этакого маленького, вон энтакого-с *(показывает рукою)*, чтоб можно было на ладонку посадить, да-с! Все будет мальчишка кричать: уа! уа! уа! …

Явление VI

Еще несколько гостей, подходящих к ручкам, Лука Лукич с женою.

Лука Лукич. Имею честь …

Жена Луки Лукича *(бежит вперед)*. Поздравляю вас, Анна Андреевна!

(Целуются.)

А я так, право, обрадовалась. Говорят мне: «Анна Андреевна выдает дочку.» «Ах, боже мой!» – думаю себе, и так обрадовалась, что говорю мужу: «Послушай, Луканчик, вот какое счастие Анне Андреевне!» – «Ну, – думаю себе, – слава богу!» И говорю ему: «Я так восхищена, что сгораю нетерпением изъявить лично Анне Андреевне …» «Ах, боже мой! – думаю себе, – Анна Андреевна

7 **черво́нец:** Fünf- oder Zehnrubelmünze in Gold vor 1917.
7 f. **вон э́нтакого:** ungefähr so groß.

именно ожидала хорошей партии для своей дочери, а вот теперь такая судьба: именно так сделалось, как она хотела», – и так, право, обрадовалась, что не могла говорить. Плачу, плачу, вот просто рыдаю. Уже Лука Лукич говорит: «Отчего ты, Настенька, рыдаешь?» – «Луканчик, говорю, я и сама не знаю, слезы так вот рекой и льются.»

Городничий. Покорнейше прошу садиться, господа! Эй, Мишка, принеси сюда побольше стульев. *(Гости садятся.)*

Явление VII

Те же, частный пристав и квартальные.

Частный пристав. Имею честь поздравить вас, ваше высокоблагородие, и пожелать благоденствия на многие лета!

Городничий. Спасибо, спасибо! Прошу садиться, господа!

(Гости усаживаются.)

Аммос Федорович. Но скажите, пожалуйста, Антон Антонович, каким образом все это началось, постепенный ход всего, то есть дела.

Городничий. Ход дела чрезвычайный: изволил собственнолично сделать предложение.

4 **рыда́ть** (uv.): schluchzen, heulen.
7 **ли́ться** (uv.): fließen, strömen.
14 **благоде́нствие** (alt.): Wohlergehen.
15 **лета́** (Pl.): Jahre.

Анна Андреевна. Очень почтительным и самым тонким образом. Все чрезвычайно хорошо говорил. Говорит: «Я, Анна Андреевна, из одного только уважения к вашим достоинствам ...» И такой прекрасный, воспитанный человек, самых благороднейших правил! «Мне, верите ли, Анна Андреевна, мне жизнь – копейка; я только потому, что уважаю ваши редкие качества.»

Марья Антоновна. Ах, маменька! ведь это он мне говорил.

Анна Андреевна. Перестань, ты ничего не знаешь и не в свое дело не мешайся! «Я, Анна Андреевна, изумляюсь ...» В таких лестных рассыпался словах ... И когда я хотела сказать: «Мы никак не смеем надеяться на такую честь», – он вдруг упал на колени и таким самым благороднейшим образом: «Анна Андреевна, не сделайте меня несчастнейшим! согласитесь отвечать моим чувствам, не то я смертью окончу жизнь свою.»

Марья Антоновна. Право, маменька, он обо мне это говорил.

Анна Андреевна. Да, конечно ... и об тебе было, я ничего этого не отвергаю.

Городничий. И так даже напугал: говорил, что застрелится. «Застрелюсь, застрелюсь!» – говорит.

Многие из гостей. Скажите пожалуйста!

Аммос Федорович. Экая штука!

13 f. **в таки́х ле́стных рассыпа́лся слова́х:** in solch schmeichlerischen Worten erging er sich.

23 **отверга́ть** (uv.): bestreiten, ablehnen.

24 **напуга́ть** (v.): jdn. erschrecken.

Лука Лукич. Вот подлинно, судьба уж так вела.

Артемий Филиппович. Не судьба, батюшка, судьба – индейка: заслуги привели к тому. *(В сторону.)* Этакой свинье лезет всегда в рот счастье!

Аммос Федорович. Я, пожалуй, Антон Антонович, продам вам того кобелька, которого торговали.

Городничий. Нет, мне теперь не до кобельков.

Аммос Федорович. Ну, не хотите, на другой собаке сойдемся.

Жена Коробкина. Ах, как, Анна Андреевна, я рада вашему счастию! вы не можете себе представить.

Коробкин. Где ж теперь, позвольте узнать, находится именитый гость? Я слышал, что он уехал зачем-то.

Городничий. Да, он отправился на один день по весьма важному делу.

Анна Андреевна. К своему дяде, чтоб испросить благословения.

Городничий. Испросить благословения; но завтра же … *(Чихает.)*

(Поздравления сливаются в один гул.)

Много благодарен! Но завтра же и назад … *(Чихает.)*

(Поздравительный гул; слышнее других голоса:)

Частного пристава. Здравия желаем, ваше высокоблагородие!

1 **по́длинно:** wahrlich, wahrhaftig.

2 f. **судьба́ – инде́йка:** das Schicksal ist eine Pute; schon im Altgriechischen bekanntes Sprichwort mit der Bedeutung: das Schicksal ist blind.

3 **заслу́га:** das Verdienst.

9 **сойти́сь** (v.): hier: übereinkommen, sich einigen.

13 **имени́тый:** namhaft, berühmt.

20 **гул:** Getöse, Lärm.

Бобчинского. Сто лет и куль червонцев!

Добчинского. Продли бог на сорок сороков!

Артемия Филипповича. Чтоб ты пропал!

Жены Коробкина. Черт тебя побери!

Городничий. Покорнейше благодарю! И вам того ж желаю.

Анна Андреевна. Мы теперь в Петербурге намерены жить. А здесь, признаюсь, такой воздух … деревенский уж слишком! … признаюсь, большая неприятность … Вот и муж мой … он там получит генеральский чин.

Городничий. Да, признаюсь, господа, я, черт возьми, очень хочу быть генералом.

Лука Лукич. И дай бог получить!

Растаковский. От человека невозможно, а от бога все возможно.

Аммос Федорович. Большому кораблю – большое плаванье.

Артемий Филиппович. По заслугам и честь.

Аммос Федорович *(в сторону)*. Вот выкинет штуку, когда в самом деле сделается генералом! Вот уж кому пристало генеральство, как корове седло! Ну,

1 **куль** (m.): Sack.

2 **продли́ бог на со́рок сороко́в:** möge Gott ein langes Leben schenken; wörtl.: vierzig mal vierzig Jahre.

17 f. **большо́му кораблю́ – большо́е пла́ванье:** (Sprichwort) Das große Schiff mache große Fahrt; d. h., jemandem mögen alle Wege offenstehen.

20 **вот вы́кинет шту́ку:** der wird ein Kunststück vollbringen, das wird was geben.

21 f. **вот уж кому́ приста́ло генера́льство, как коро́ве седло́:** manchem steht der Generalstitel wie ein Sattel der Kuh.

брат, нет, до этого еще далека песня. Тут и почище тебя есть, а до сих пор еще не генералы.

Артемий Филиппович *(в сторону)*. Эка, черт возьми, уж и в генералы лезет! Чего доброго, может, и будет генералом. Ведь у него важности, лукавый не взял бы его, довольно. *(Обращаясь к нему.)* Тогда, Антон Антонович, и нас не позабудьте.

Аммос Федорович. И если что случится, например какая-нибудь надобность по делам, не оставьте покровительством!

Коробкин. В следующем году повезу сынка в столицу на пользу государства, так сделайте милость, окажите ему вашу протекцию, место отца заступите сиротке.

Городничий. Я готов с своей стороны, готов стараться.

Анна Андреевна. Ты, Антоша, всегда готов обещать. Во-первых, тебе не будет времени думать об этом. И как можно и с какой стати себя обременять этакими обещаниями?

Городничий. Почему ж, душа моя? иногда можно.

Анна Андреевна. Можно, конечно, да ведь не всякой же мелюзге оказывать покровительство.

Жена Коробкина. Вы слышали, как она трактует нас?

Гостья. Да, она такова всегда была; я ее знаю: посади ее за стол, она и ноги свои …

4 **чего́ до́брого:** vielleicht gar, womöglich noch.
13 **заступи́ть** (v., umg.): vertreten, ersetzen.
14 **сиро́тка:** Waise.
18 **обременя́ть** (v.): belasten.
22 **мелюзга́:** Kleinigkeit; unbedeutender Mensch.
24 f. **посади́ её за стол, она́ и но́ги свои́ …:** Sprichwort: »Посади́ свинью́ за стол, а она́ и но́ги на стол«: »Setz ein Schwein an den Tisch, schon legt es seine Beine drauf.«

Явление VIII

Те же и почтмейстер впопыхах, с распечатанным письмом в руке.

Почтмейстер. Удивительное дело, господа! Чиновник, которого мы приняли за ревизора, был не ревизор.

Все. Как не ревизор?

Почтмейстер. Совсем не ревизор, – я узнал это из письма …

Городничий. Что вы? что вы? из какого письма?

Почтмейстер. Да из собственного его письма. Приносят ко мне на почту письмо. Взглянул на адрес – вижу: «В Почтамтскую улицу». Я так и обомлел. «Ну, – думаю себе, – верно, нашел беспорядки по почтовой части и уведомляет начальство.» Взял да и распечатал.

Городничий. Как же вы? …

Почтмейстер. Сам не знаю, неестественная сила побудила. Призвал было уже курьера, с тем чтобы отправить его с эштафетой, – но любопытство такое одолело, какого еще никогда не чувствовал. Не могу, не могу! слышу, что не могу! тянет, так вот и тянет! В одном ухе так вот и слышу: «Эй, не распечатывай! пропадешь, как курица»; а в другом словно бес какой шепчет: «Распечатай, распечатай,

13 **обомле́ть** (v., umg.): erstarren, ohnmächtig werden.
20 **эштафе́та** (heute: эстафе́та): Stafette.
21 **одоле́ть** (v.): überwältigen.
25 **сло́вно бес како́й ше́пчет:** als ob mir der Teufel zuflüstert.

распечатай!» И как придавил сургуч – по жилам огонь, а распечатал – мороз, ей-богу мороз. И руки дрожат, и все помутилось.

Городничий. Да как же вы осмелились распечатать письмо такой уполномоченной особы?

Почтмейстер. В том-то и штука, что он не уполномоченный и не особа!

Городничий. Что ж он, по-вашему, такое?

Почтмейстер. Ни се ни то; черт знает что такое!

Городничий *(запальчиво)*. Как ни се ни то? Как вы смеете назвать его ни тем ни сем, да еще и черт знает чем? Я вас под арест …

Почтмейстер. Кто? Вы?

Городничий. Да, я!

Почтмейстер. Коротки руки!

Городничий. Знаете ли, что он женится на моей дочери, что я сам буду вельможа, что я в самую Сибирь законопачу?

Почтмейстер. Эх, Антон Антонович! что Сибирь? далеко Сибирь. Вот лучше я вам прочту. Господа! позвольте прочитать письмо!

Все. Читайте, читайте!

Почтмейстер *(читает)*. «Спешу уведомить тебя, душа Тряпичкин, какие со мной чудеса. На дороге

1 **сургу́ч:** Siegellack.
жи́ла: Ader.
3 **помути́ться** (v.): trübe werden, schwarz werden (vor Augen).
5 **уполномо́ченный:** bevollmächtigt.
6 **в том-то и шту́ка:** das ist's ja gerade.
10 **запа́льчивый:** aufbrausend, (jäh)zornig.
18 **законопа́тить** (v.): verschicken, verbannen; wörtl.: verstopfen, zustopfen.

обчистил меня кругом пехотный капитан, так что трактирщик хотел уже было посадить в тюрьму; как вдруг, по моей петербургской физиономии и по костюму, весь город принял меня за генерал-губернатора. И я теперь живу у городничего, жуирую, волочусь напропалую за его женой и дочкой; не решился только, с которой начать, – думаю, прежде с матушки, потому что, кажется, готова сейчас на все услуги. Помнишь, как мы с тобой бедствовали, обедали нашерамыжку и как один раз было кондитер схватил меня за воротник по поводу съеденных пирожков на счет доходов аглицкого короля? Теперь совсем другой оборот. Все мне дают взаймы сколько угодно. Оригиналы страшные. От смеху ты бы умер. Ты, я знаю, пишешь статейки: помести их в свою литературу. Во-первых: городничий – глуп, как сивый мерин ...»

Городничий. Не может быть! Там нет этого.

Почтмейстер *(показывает письмо)*. Читайте сами.

Городничий *(читает)*. «Как сивый мерин.» Не может быть! вы это сами написали.

Почтмейстер. Как же бы я стал писать?

1 **обчи́стить круго́м** (v., umg.): bis aufs Hemd ausziehen, ausnehmen.

5 f. **жуи́ровать** (uv.): das Leben genießen (von frz. *jouir*).

6 **напропалу́ю** (umg.): auf Teufel komm raus.

9 **бе́дствовать** (uv.): Not leiden.

10 **нашерамы́жку:** betrügerisch, durch Zechprellerei.

12 **на счёт дохо́дов агли́цкого короля́:** auf Kosten des englischen Königs, d. h. ohne zu bezahlen (агли́цкий: s. S. 43).

16 f. **глуп, как си́вый ме́рин** (umg.): strohdumm; wörtl.: dumm wie ein dunkelgrauer Wallach.

Артемий Филиппович. Читайте!

Лука Лукич. Читайте!

Почтмейстер *(продолжая читать)*. «Городничий – глуп, как сивый мерин …»

Городничий. О, черт возьми! нужно еще повторять! как будто оно там и без того не стоит.

Почтмейстер *(продолжая читать)*. Хм … хм … хм … хм … «сивый мерин. Почтмейстер тоже добрый человек …» *(Оставляя читать.)* Ну, тут обо мне тоже он неприлично выразился.

Городничий. Нет, читайте!

Почтмейстер. Да к чему ж? …

Городничий. Нет, черт возьми, когда уж читать, так читать! Читайте всё!

Артемий Филиппович. Позвольте, я прочитаю. *(Надевает очки и читает.)* «Почтмейстер точь-в-точь департаментский сторож Михеев; должно быть, также, подлец, пьет горькую.»

Почтмейстер *(к зрителям)*. Ну, скверный мальчишка, которого надо высечь; больше ничего!

Артемий Филиппович *(продолжая читать)*. «Надзиратель над богоугодным заведе … и … и … и …» *(Заикается.)*

Коробкин. А что ж вы остановились?

Артемий Филиппович. Да нечеткое перо … впрочем, видно, что негодяй.

Коробкин. Дайте мне! Вот у меня, я думаю, получше глаза. *(Берет письмо.)*

16 **точь-в-точь:** ganz genau wie.
18 **пить го́рькую** (uv., umg.): wie ein Loch saufen.
25 **нечёткое перо́:** hier: unleserliche Handschrift.

Артемий Филиппович *(не давая письма)*. Нет, это место можно пропустить, а там дальше разборчиво.

Коробкин. Да позвольте, уж я знаю.

Артемий Филиппович. Прочитать я и сам прочитаю; далее, право, все разборчиво.

Почтмейстер. Нет, всё читайте! ведь прежде все читано.

Все. Отдайте, Артемий Филиппович, отдайте письмо! *(Коробкину.)* Читайте!

Артемий Филиппович. Сейчас. *(Отдает письмо.)* Вот, позвольте … *(Закрывает пальцем.)* Вот отсюда читайте.

(Все приступают к нему.)

Почтмейстер. Читайте, читайте! вздор, всё читайте!

Коробкин *(читая)*. «Надзиратель за богоугодным заведением Земляника – совершенная свинья в ермолке.»

Артемий Филиппович *(к зрителям)*. И неостроумно! Свинья в ермолке! где ж свинья бывает в ермолке?

Коробкин *(продолжая читать)*. «Смотритель училищ протухнул насквозь луком.»

Лука Лукич *(к зрителям)*. Ей-богу, и в рот никогда не брал луку.

Аммос Федорович *(в сторону)*. Славу богу, хоть, по крайней мере, обо мне нет!

Коробкин *(читает)*. «Судья …»

Аммос Федорович. Вот тебе на! *(Вслух.)* Господа,

2 f. **разбо́рчивый:** leserlich.
18 **ермо́лка:** Käppchen; hier: die jüdische Kippa.
22 **проту́хнуть** (v.): hier: stinken.

я думаю, что письмо длинно. Да и черт ли в нем: дрянь этакую читать.

Лука Лукич. Нет!

Почтмейстер. Нет, читайте!

Артемий Филиппович. Нет уж, читайте!

Коробкин *(продолжает)*. «Судья Ляпкин-Тяпкин в сильнейшей степени моветон ...» *(Останавливается.)* Должно быть, французское слово.

Аммос Федорович. А черт его знает, что оно значит! Еще хорошо, если только мошенник, а может быть, и того еще хуже.

Коробкин *(продолжая читать)*. «А впрочем, народ гостеприимный и добродушный. Прощай, душа Тряпичкин. Я сам, по примеру твоему, хочу заняться литературой. Скучно, брат, так жить; хочешь наконец пищи для души. Вижу: точно нужно чем-нибудь высоким заняться. Пиши ко мне в Саратовскую губернию, а оттуда в деревню Подкатиловку. *(Переворачивает письмо и читает адрес.)* Его благородию, милостивому государю, Ивану Васильевичу Тряпичкину, в Санкт-Петербурге, в Почтамтскую улицу, в доме под нумером девяносто седьмым, поворотя на двор, в третьем этаже направо.»

Одна из дам. Какой реприманд неожиданный!

Городничий. Вот когда зарезал, так зарезал! Убит, убит,

7 **моветóн:** schlechtes Benehmen (frz. *mauvais ton*).
16 **пúща:** Nahrung.
25 **репримáнд:** Strafpredigt (frz. *réprimande*).
26 **когдá зарéзал, так зарéзал:** der hat mich gründlich erledigt (зарéзать, v.: den Hals abschneiden).

совсем убит! Ничего не вижу. Вижу какие-то свиные рыла вместо лиц, а больше ничего … Воротить, воротить его! *(Машет рукою.)*

Почтмейстер. Куды воротить! Я, как нарочно, приказал смотрителю дать самую лучшую тройку; черт угораздил дать и вперед предписание.

Жена Коробкина. Вот уж точно, вот беспримерная конфузия!

Аммос Федорович. Однако ж, черт возьми, господа! он у меня взял триста рублей взаймы.

Артемий Филиппович. У меня тоже триста рублей.

Почтмейстер *(вздыхает)*. Ох! и у меня триста рублей.

Бобчинский. У нас с Петром Ивановичем шестьдесят пять-с на ассигнации-с, да-с.

Аммос Федорович *(в недоумении расставляет руки)*. Как же это, господа? Как это, в самом деле, мы так оплошали?

Городничий *(бьет себя по лбу)*. Как я – нет, как я, старый дурак? Выжил, глупый баран, из ума! … Тридцать лет живу на службе; ни один купец, ни подрядчик не мог провести; мошенников над мошенниками обманывал, пройдох и плутов таких, что весь свет готовы обворовать, поддевал на уду.

2 **ры́ло:** Schnauze, Rüssel.
вороти́ть (v.): zurückholen.
6 **угора́здить** (v.): veranlassen.
15 **расставля́ть** (uv.): ausbreiten.
17 **оплоша́ть** (v.): nicht achtgeben, einen Bock schießen.
21 **подря́дчик:** Lieferant, Unternehmer.
провести́ (v.): hier: betrügen, hereinlegen.
22 **пройдо́ха** (m.; umg.): Schwindler, Schelm.
23 **поддева́ть** (uv.) **на уду́:** an die Angel kriegen.

Трех губернаторов обманул! … Что губернаторов! *(махнул рукой)* нечего и говорить про губернаторов …

Анна Андреевна. Но это не может быть, Антоша: он обручился с Машенькой …

Городничий *(в сердцах)*. Обручился! Кукиш с маслом – вот тебе обручился! Лезет мне в глаза с обрученьем! … *(В исступлении.)* Вот смотрите, смотрите, весь мир, все христианство, все смотрите, как одурачен городничий! Дурака ему, дурака, старому подлецу! *(Грозит самому себе кулаком.)* Эх ты, толстоносый! Сосульку, тряпку принял за важного человека! Вон он теперь по всей дороге заливает колокольчиком! Разнесет по всему свету историю. Мало того что пойдешь в посмешище – найдется щелкопер, бумагомарака, в комедию тебя вставит. Вот что обидно! Чина, звания не пощадит, и будут все скалить зубы и бить в ладоши. Чему смеетесь? – Над собою смеетесь! … Эх вы! … *(Стучит со злости ногами об пол.)* Я бы всех этих бумагомарак!

6 **в сердца́х** (umg.): im Zorn, zornig. Da früher das Herz als der Sitz aller Gefühle angesehen wurde, hatte се́рдце schon im Urslawischen auch die Bedeutung ›Zorn, Ärger‹.

6 f. **ку́киш с ма́слом:** Hat sich was! Nichts da! (Wörtl.: eine Abfuhr mit Butter.)

8 **исступле́ние:** hier: Wut.

10 **одура́чить** (v., umg.): zum Narren halten.

12 **сосу́лька:** hier: Säugling, blutiger Anfänger.

13 f. **залива́ть** (uv.) **коло́кольчиком:** an die (große) Glocke hängen.

15 **посме́шище:** Gegenstand des Gelächters, Spotts.

16 **щелкопёр:** Federfuchser.
бумагомара́ка: Tintenkleckser, Schmierfink.

18 **ска́лить** (uv.) **зу́бы:** die Zähne fletschen, hämisch lachen.

У, щелкоперы, либералы проклятые! чертово семя! Узлом бы вас всех завязал, в муку бы стер вас всех да черту в подкладку! в шапку туды ему! … *(Сует кулаком и бьет каблуком в пол. После некоторого молчания.)* До сих пор не могу прийти в себя. Вот, подлинно, если бог хочет наказать, так отнимет прежде разум. Ну что было в этом вертопрахе похожего на ревизора? Ничего не было! Вот просто ни на полмизинца не было похожего – и вдруг все: ревизор! ревизор! Ну кто первый выпустил, что он ревизор? Отвечайте!

Артемий Филиппович *(расставляя руки)*. Уж как это случилось, хоть убей, не могу объяснить. Точно туман какой-то ошеломил, черт попутал.

Аммос Федорович. Да кто выпустил – вот кто выпустил: эти молодцы! *(Показывает на Добчинского и Бобчинского.)*

Бобчинский. Ей-ей, не я! и не думал …

Добчинский. Я ничего, совсем ничего …

Артемий Филиппович. Конечно, вы.

Лука Лукич. Разумеется. Прибежали как сумасшед-

1 **чёртово се́мя:** Satansbrut.
2 **в муку́ бы стёр вас:** ich würde euch zu Staub zertreten; wörtl.: zu Mehl zerreiben.
3 **чёрту в подкла́дку:** dem Teufel zum Fraß; wörtl.: ins Unterfutter. **туды́:** dorthin.
3 f. **сова́ть** (uv.) **кулако́м:** mit der Faust drohen.
4 **каблу́к** (Gen.: -á): (Schuh-)Absatz.
7 **ра́зум:** Verstand, Vernunft. **вертопра́х:** Windbeutel, Bruder Leichtfuß.
9 **полмизи́нец:** Däumling; wörtl.: halber kleiner Finger.
14 **ошеломи́ть** (v.): betäuben, die Sinne verwirren.

шие из трактира: «Приехал, приехал и денег не плотит …» Нашли важную птицу!

Городничий. Натурально, вы! сплетники городские, лгуны проклятые!

Артемий Филиппович. Чтоб вас черт побрал с вашим ревизором и рассказами!

Городничий. Только рыскаете по городу да смущаете всех, трещотки проклятые! Сплетни сеете, сороки короткохвостые!

Аммос Федорович. Пачкуны проклятые!

Лука Лукич. Колпаки!

Артемий Филиппович. Сморчки коротбрюхие!

(Все обступают их.)

Бобчинский. Ей-богу, это не я, это Петр Иванович.

Добчинский. Э, нет, Петр Иванович, вы ведь первые того …

Бобчинский. А вот и нет; первые-то были вы.

Явление последнее

Те же и жандарм.

Жандарм. Приехавший по именному повелению из Петербурга чиновник требует вас сей же час к себе. Он остановился в гостинице.

3 **сплéтник:** Klatschbase (сплéтня: Klatsch).
7 **ры́скать** (uv.): herumlaufen, sich herumtreiben.
10 **пачку́н** (Gen.: -á): Schmierfink.
11 **колпáк** (Gen.: -a): hier: Trottel.
12 **сморчóк** (Gen.: -чкá; umg.): Zwerg, Wicht, Gnom.
20 **по именнóму повелéнию:** auf höchsten Befehl (des Zaren).

(Произнесенные слова поражают как громом всех. Звук изумления единодушно излетает из дамских уст; вся группа, вдруг переменивши положение, остается в окаменении.

Немая сцена

Городничий посередине в виде столба, с распростертыми руками и закинутою назад головою. По правую сторону его жена и дочь с устремившимся к нему движеньем всего тела; за ними почтмейстер, превратившийся в вопросительный знак, обращенный к зрителям; за ним Лука Лукич, потерявшийся самым невинным образом; за ним, у самого края сцены, три дамы, гостьи, прислонившиеся одна к другой с самым сатирическим выраженьем лица, относящимся прямо к семейству городничего. По левую сторону городничего: Земляника, наклонивший голову несколько набок, как будто к чему-то прислушивающийся; за ним судья с растопыренными руками, присевший почти до земли и сделавший движенье губами, как бы хотел посвистать или произнесть:

1 **поражáть** (uv.): einschlagen, treffen.
4 **окаменéние:** Versteinerung, Erstarren (окаменéть, v.).
6 **столб** (Gen.: -á): Säule.
6f. **распростёртый:** ausgebreitet.
7 **закúнутый** (v.): zurückgeworfen.
13 **прислонúться** (v.): sich anlehnen.
16 **наклонúть** (v.): beugen, senken.
17 **нáбок:** zur Seite.
18 **растопы́рить** (v.): spreizen, ausbreiten.

«Вот тебе, бабушка, и Юрьев день!» За ним Коробкин, обратившийся к зрителям с прищуренным глазом и едким намеком на городничего; за ним, у самого края сцены, Бобчинский и Добчинский с устремившимися движеньями рук друг к другу, разинутыми ртами и выпученными друг на друга глазами. Прочие гости остаются просто столбами. Почти полторы минуты окаменевшая группа сохраняет такое положение. Занавес опускается.

1 **вот тебé, бáбушка, и Ю́рьев день:** da haben wir den Salat! Die wörtliche Bedeutung dieses Sprichworts – »Da hast du, Alte, deinen Georgstag!« – geht auf die Enttäuschung der leibeigenen Bauern zurück, denen Ende des 16. Jahrhunderts das alte Recht, in der Zeit um den Herbst-Namenstag des hl. Georg (26. November) ihre Herrschaft zu wechseln, genommen wurde.

2 **прищýрить** (v.): zusammenkneifen.

3 **éдкий:** höhnisch.

5 **рази́нуть** (v.): aufsperren.

Editorische Notiz

Der russische Text folgt der Ausgabe: N. V. Gogol', *Sobranie sočinenij v vos'mi tomach*, Bd. 4, Moskau: Izdatel'stvo »Pravda«, 1984, S. 5–93.

Das Glossar erklärt in der Regel alle Wörter, die nicht in dem von Ljubov Jakovleva und Martin Schneider herausgegebenen *Grund- und Aufbauwortschatz Russisch* (Stuttgart: Ernst Klett Sprachen, 2010) enthalten sind.

Im Glossar verwendete Abkürzungen

Akk.	Akkusativ
alt.	veraltet
Dat.	Dativ
Dim.	Diminutiv
etw.	etwas
f.	Femininum
frz.	französisch
Gen.	Genitiv
Instr.	Instrumental
jdm.	jemandem
jdn.	jemanden
Komp.	Komparativ
lit.	literarischer Sprachgebrauch
m.	Maskulinum
n.	Neutrum
Nom.	Nominativ
Pl.	Plural
Sg.	Singular
tschech.	tschechisch
umg.	umgangssprachlich
unpers.	unpersönlich
uv.	unvollendeter Verbaspekt
v.	vollendeter Verbaspekt

Zeittafel

1809 Gogol' wird am 20. März (nach neuem Kalender: 1. April) geboren in Velikie Soročincy, Gouvernement Poltava; Vater Gutsbesitzer.

1821 Besuch des Gymnasiums in Nežin, Abschluss 1828.

1828 Übersiedlung nach St. Petersburg.

1829 Reise nach Deutschland. Beamter im Innenministerium.

1830 Erste Veröffentlichungen; Bekanntschaft mit Vasilij Žukovskij.

1831 Bekanntschaft mit Aleksandr Puškin. Erster Teil des Prosazyklus *Večera na chutore bliz Dikan'ki* (*Abende auf dem Weiler bei Dikanka*), zweiter Teil 1832.
Privatlehrer und Geschichtslehrer an einer Mädchenschule (bis 1835).

1834 Wenig glückliche Tätigkeit als Adjunkt-Professor am Lehrstuhl für Allgemeine Geschichte der Universität St. Petersburg (bis 1835).

1835 Sammelbände *Mirgorod*; *Arabeski* (*Arabesken*), darin u. a. die Erzählungen *Zapiski sumasšedšego* (*Aufzeichnungen eines Wahnsinnigen*) und *Portret* (*Das Porträt*) sowie *Nevskij Prospekt* (*Der Nevskij-Prospekt*).
Beginn der Arbeit an dem Roman *Mërtvye duši* (*Die toten Seelen*).
Beginn der Arbeit an der Komödie *Revizor* (*Der Revisor*) im Herbst, abgeschlossen am 4. Dezember 1835; das Sujet zur Komödie war ihm von Puškin überlassen worden.

1836 In Anwesenheit von Puškin, Vjazemskij und anderen liest Gogol' am 18. Januar die Komödie im Schriftstellerzirkel bei Žukovskij vor und erhält begeisterten Applaus.
Arbeit an der Inszenierung des *Revisor* im Februar und März.
19. April (25. Mai): Uraufführung des *Revisor* auf der Bühne des Aleksandrinskij Teatr in St. Petersburg; noch bis 1847 verfasst Gogol' mehrfach Erläuterungen, Deutungen und Interpretationen seiner Komödie.

Erzählungen *Nos* (*Die Nase*), *Koljaska* (*Die Kalesche*); literaturkritische Arbeiten in Puškins Zeitschrift *Sovremennik.*

1837 Weiterarbeit an den *Toten Seelen.*

1838 Reise nach Deutschland, Schweiz, Frankreich, Italien (bis 1839).

1840 Reise nach Österreich, Italien, Deutschland (bis 1841).

1841 Aufenthalt in Russland.

1842 *Mërtvye duši*, erster Teil; vierbändige Werkausgabe (*Sobranie sočinenij*), darin erstmals die Dramen *Ženit'ba* (*Die Heirat*, 1833) und *Igroki* (*Die Spieler*, 1832–37) sowie die Erzählung *Šinel'* (*Der Mantel*, 1839–41).
Reise nach Deutschland, Italien, Frankreich, Böhmen (bis 1848); zwischenzeitlich schwere Erkrankung.

1845 Fast vollständige Verbrennung der Manuskripte des zweiten Teils des Romans *Die toten Seelen* unter dem Einfluss religiöser Wahnvorstellungen, die ihm ein fanatischer Priester eingegeben hat.

1846 Dramatische Skizze *Razvjazka »Revizora«* (*Schlüssel zum Verständnis des »Revisor«*).

1847 *Vybrannye mesta iz perepiski s druz'jami* (*Ausgewählte Stellen aus dem Briefwechsel mit Freunden*); Abfassung von *Ispoved' avtora* (*Die Beichte des Autors*), erschienen 1855.

1848 Nach Pilgerreise zu den heiligen Stätten in Jerusalem Rückkehr nach Moskau; erneute Arbeit am Roman *Die toten Seelen.*

1852 11./12. Februar: Gogol' verbrennt, erneut unter dem Einfluss des Priesters, seine Manuskripte für den zweiten Teil des Romans *Mërtvye duši* und bereut dies sehr bald.
21. Februar (4. März): gestorben in Moskau.

Literaturhinweise

Ausgaben

Polnoe sobranie sočinenij. Bd. 4. Moskau: Izdatel'stvo »Pravda«, 1984.
Polnoe sobranie sočinenij i pisem. Bd. 4. Moskau: Nauka, 2003.
Revizor. Komedii. St. Petersburg: Azbuka-klassika, 2008.
Revizor. Moskau: Ėksmo, 2009.
Revizor. Ženit'ba. Moskau: Astrel', 2010.

Der Revisor. Übers. und hrsg. von Bodo Zelinsky. Stuttgart: Reclam, 1996 [u. ö.].
Petersburger Skizzen und andere Aufsätze. Übers. von Werner Creutziger. Hrsg. von Michael Wegner. Leipzig: Reclam, 1982.

Sekundärliteratur

Aksakov, Sergej: Istorija moego znakomstva s Gogolem. Hrsg. von Elena Naselenko und Elena Smirnova. Moskau 1960.
Amberg, Lorenzo: Kirche, Liturgie und Frömmigkeit im Schaffen von N. V. Gogol'. Bern 1986.
Belyj, Andrej: Masterstvo Gogolja. (Die Kunst Gogols.) Nachdruck der Ausgabe Moskau 1934 mit einer Einf. von Dmitrij Tschižewskij. München 1969.
Chrapčenko, Michail: Tvorčestvo Gogolja. Moskau 1959.
– Izbrannye trudy. Nikolaj Gogol': Literaturnyj put'. Veličie pisatelja. Moskau 1993.
Garin, Igor: Zagadočnyj Gogol'. Moskau 2002.
Gippius, Vasilij: Gogol'. Vospominanija. Pis'ma. Dnevniki. Moskau 1999.
Krziwon, Andreas: Das Komische in Gogols Erzählungen. Frankfurt a. M. 1994.
Lamping, Dieter: Handbuch der literarischen Gattungen. Stuttgart 2009.

Larsson, Andreas: Gogol und das Problem der menschlichen Identität. München 1992.
Lauer, Reinhard: Geschichte der russischen Literatur. Von 1700 bis zur Gegenwart. München 2009.
Lehnert, Gertrud: Europäische Literatur. Köln 2006.
Mann, Jurij V.: Poėtika Gogolja. Variacii k teme. Moskau 1996.
– Tvorčestvo Gogolja. Smysl i forma. St. Petersburg 2007.
Mašinskij, Semën: Gogol' v vospominanijach sovremennikov. Moskau 1952.
Schulz, Georg-Michael: Einführung in die deutsche Komödie. Darmstadt 2007.
Veresaev, Vikentij: Gogol' v žizni. Sistematičeskij svod podlinnych svidetel'stv sovremennikov. Moskau/Leningrad 1933.
– Kak rabotal Gogol'. Moskau 1934.
Zolotusskij, Igor': Gogol'. 2., verb. Aufl. Moskau 1984. (Žizn' zamečatel'nych ljudej.)

Verfilmungen

Seine Excellenz, der Revisor (Deutschland 1922; Regie: Friedrich Zelnik).
Eine Stadt steht Kopf (Deutschland 1932; Regie: Gustaf Gründgens).
The Inspector General (Musik-Film; USA 1949; Regie: Henry Koster – d. i. Hermann Kosterlitz –; deutscher Verleihtitel: *Die sündige Stadt*).
Revizor (UdSSR 1952; Regie: Vladimir Petrov).
Lambaaye (Senegal 1972; Regie: Mahama J. Traoré).
Calzonzin inspector (Mexiko 1973; Regie: Alfonso Arrau).
Inkognito iz Peterburga (UdSSR 1977; Regie: Leonid Gajdaj).
Le revizor (TV; Frankreich 1981; Regie: Philippe Laïk).
Revizor (Russland 1996; Regie: Sergej Gazarov).

Vertonungen

The Inspector General (Musik-Film; USA 1949; Regie: Henry Koster – d. i. Hermann Kosterlitz –; deutscher Verleihtitel: *Die sündige Stadt*).

Der Revisor. Komische Oper in fünf Akten (Musik und Libretto: Werner Egk; Uraufführung 1957 in Schwetzingen).

Chlestakows Wiederkehr. Oper in drei Akten (Musik und Libretto: Giselher Klebe; Uraufführung 2008 in Detmold).

Hörspiel

Der Revisor (Übersetzung, Hörspielfassung und Regie: Ulrich Lauterbach; Musik: Winfried Zillig; Hessischer Rundfunk, 1954).

Nachwort

Der Stoff, aus dem Komödien gemacht werden, hat sich von der Antike bis heute kaum verändert: »Verwechslungen, Irrtümer und Intrigen, vertauschte oder unklare Identitäten, deformierte Charaktere, die außerhalb der Gesellschaft stehen, und immer: ein Happy End, die unglücklich Liebenden bekommen einander, die als Kleinkinder getrennten Zwillinge treffen endlich aufeinander, der Geizhals bekommt seine gerechte Strafe. Dies sind Elemente, die sich durch die Weltgeschichte der Komödie ziehen, vom alten Griechenland über Molière ...«[1] bis zu Gogol's *Revisor*.

Marion Siems fasst die Handlung von Gogol's weltberühmter Komödie in wenigen nüchternen Worten zusammen:[2]

»In einer russischen Kreisstadt erfährt der Stadtgouverneur aus einem abgefangenen Brief von der baldigen Ankunft eines Revisors aus Petersburg, der die öffentlichen Vorgänge des Orts inspizieren soll. Die aufgeschreckten Bewohner vermuten in dem im Gasthaus abgestiegenen Chlestakow den Kontrolleur. Der ist jedoch nur ein kleiner Beamter aus Petersburg, dem auf der Reise in seinen Heimatort das Geld ausgegangen ist. Er wird von den Honoratioren der Stadt mit allen Annehmlichkeiten versorgt. Als ihm sogar die Hand der Tochter des Stadthauptmanns angetragen wird, reist Chlestakow unter dem Vorwand ab, zur Verlobung die Einwilligung des Erbonkels einholen zu müssen. Die hoffnungsfrohen Erwartungen des Stadthauptmanns auf eine Petersburger Karriere zerschlagen sich, als der Postmeister einen Brief Chlestakows abfängt, in dem dieser seine wahre Existenz offenbart und die Ortsbewohner diffamiert. In diesem Augenblick meldet ein Polizist den völlig überraschten Anwesenden das Eintreffen des echten Revisors.«

Was für eine Komödie, ein Verwechslungsstück par excellence! Die Einwohner einer ganzen Stadt befinden sich in pa-

1 *Römische Schriftsteller*, vorgestellt von Cornelius Hartz, Mainz 2010, S. 12 f.

2 *Reclams Neuer Schauspielführer*, hrsg. von Marion Siems, Stuttgart 2005, S. 250 f.

nischer Angst vor dem vermeintlichen Revisor und führen auf diese Weise sich selbst und einander unfreiwillig an der Nase herum.

Und welch tragikomischer Ausgang! Alle großen und kleinen Gauner des ungenannt bleibenden Provinzstädtchens sind bis auf die Knochen blamiert, am meisten der городничий, der Stadtgouverneur. Doch der zahlt es allen, die ihn schadenfroh auslachen, mit der wütend-bissigen Bemerkung heim: »Чему смеетесь? – Над собою смеетесь!« (»Worüber lacht ihr? Ihr lacht über euch selber!«; S. 154.) Er, der Antagonist des für den erwarteten Revisor gehaltenen Chlestakov und damit eine der wichtigsten Figuren im Stück, hält seinen durch die Schauspieler verkörperten Mitbürgern einen entlarvenden Spiegel vor. Die Zuschauer erkennen, dass nicht die Bühne, sondern ihr eigenes Leben das wirkliche Objekt des Lachens ist. Nicht von ungefähr setzt Gogol' seinem in traditioneller dramatischer Struktur verfassten Fünfakter dieses volkstümliche Sprichwort als Motto voran: »На зеркало неча пенять, коли рожа крива« – »Den Spiegel schelte nicht, wes Fratze hässlich ist.«

In dem sozialkritischen *Revisor* lachen wir nicht *mit* den Figuren, sondern ausschließlich *über* sie. Jede handelnde Person des Stücks ist mehr oder weniger negativ gezeichnet, keiner ist ein krimineller Bösewicht, aber doch jeder ein größerer oder kleinerer Gauner (плут), und der Protagonist, Chlestakov, lässt sich bereitwillig korrumpieren. Damit sind alle ungewollt Erzeuger von Komik und zugleich Opfer dieser Komik, Lacher und Ausgelachte. Das Lachen ist der einzige positive Held in der Komödie. In seinen Anmerkungen »Beim Verlassen des Theaters« (1836–42) gibt Gogol' eine einleuchtende Erklärung hierfür: Im *Revisor* gibt es »keine positiven Figuren, da sich das Publikum sonst sofort mit den Helden identifizieren würde, anstatt die Kritik auf sich zu beziehen.«[3]

Aleksandr Puškin, klassischer Übervater der russischen Literatur und Zeitgenosse Gogol's, zeigte sich höchst befriedigt über den Erfolg der Komödie. Er vernahm in ihr ein aufatmendes, be-

3 Zit. nach: Andreas Larsson, *Gogol und das Problem der menschlichen Identität*, München 1992, S. 127.

freiendes Lachen. Dies ist zu verstehen vor dem Hintergrund der historischen Entwicklung Russlands.

Nikolaus I., der nach dem gescheiterten Dekabristenaufstand von 1825 bis 1855 mit eiserner Faust herrschte, verwickelte das Land nach außen in mehrere Kriege und hatte innen keine nationale Identität schaffen können. Die russische Gesellschaft stagnierte in misslichen wirtschaftlichen und politischen Verhältnissen. Gogol', der 1828 nach der Hauptstadt St. Petersburg übergesiedelt war, lernte dort bald die korrupte und habgierige Beamtenschaft kennen und hassen und setzte sich schließlich in der Komödie auf seine Weise kritisch-satirisch damit auseinander.

Der *Revisor* war eine neue Art Komödie; keine harmlose Posse, kein unverbindlich-lustiges Schelmenstück oder Vaudeville, von der Art, wie sie, die Laster einzelner Personen der Lächerlichkeit preisgebend, bis dahin das komische Genre in Europa und Russland dominiert hatten, sondern ein Gesellschaftsstück mit »tiefer liegender Botschaft«[4]. Es stand in den Traditionen des *Tartuffe* von Molière, der *Deutschen Kleinstädter* von Kotzebue sowie russischer und ukrainischer Komödien.[5] Und doch schuf Gogol' ein vollständig neues, ein eigenes, russisches Stück.

Gertrud Lehnert beschreibt das Neue in Gogol's Stücken und Erzählungen so: Sie »stehen noch in der romantischen Tradition, sind grotesk und satirisch, verbinden Phantastisches und Realistisches«.[6] In Gogol's Werken vereinen sich tragikomische Elemente mit realistischen Zügen, die den Dichter gemeinsam mit Puškin und Michail Lermontov zum Wegbereiter des russischen Realismus werden lassen. Gogol' gebührt darüber hinaus das Verdienst, Begründer eines phantastischen, grotesken Realismus zu sein, der – denkt man etwa an Viktor Erofeevs Erzählung *Nataša* – bis heute ein »Spezifikum der russischen Literatur«[7] ist. Michail

4 Ebd.

5 Vgl. Reinhard Lauer, *Geschichte der russischen Literatur. Von 1700 bis zur Gegenwart*, München 2009.

6 Gertrud Lehnert, *Europäische Literatur*, Köln 2006, S. 132.

7 So Hanns-Martin Wietek in seinem Essay »Nikolaj Wassiljewitsch Gogol, die russische Seele« (http://www.russland.ru/essaykultur/morenews.php?iditem=12; 18.6.2012).

Chrapčenko, einer der führenden russischen Literaturwissenschaftler, nennt den *Revisor* sogar begeistert »die beste Sozialkomödie der Neuzeit. Ihr Erscheinen markierte den Beginn einer bedeutsamen Etappe in der Entwicklung des Dramas in Russland und der Welt.«[8]

Gogol's Werk wurde sehr bald auch international rezipiert und erlangte große Anerkennung. Die erste Übersetzung des *Revisor* ins Deutsche durch August von Viedert datiert von 1854. Welch epochale Bedeutung Thomas Mann Gogol's Gesellschaftskomödie beimaß, kommt darin zum Ausdruck, dass er Carl Zuckmayers fast hundert Jahre später entstandenen *Hauptmann von Köpenick* als die beste Komödie der Weltliteratur seit dem *Revisor* bezeichnete.

Die Uraufführung des *Revisor* fand am 19. April 1836 in Anwesenheit des Zaren statt. Dieser hatte, nachdem Gogol's Manuskript zunächst von der Zensur abgewiesen worden war, dank der Fürsprache Fürst Vjazemskijs und anderer Gönner die Komödie persönlich zur Aufführung zugelassen. Nikolaus I. soll während der Aufführung in St. Petersburg sogar gelacht und applaudiert haben. Schließlich kannte er die Probleme mit Korruption, Bürokratie und Amtsmissbrauch in seiner Beamtenschaft nur zu gut.

Die übrigen Zuschauer waren geteilter Meinung. Von den einen kam begeisterte Zustimmung, die anderen äußerten Protest und zeigten sich enttäuscht:

– Protest, weil die in der grotesken Satire Dargestellten und von ihr Getroffenen gar nicht lachen konnten und wollten. Die hinter der komödiantischen Fassade verborgene Frage »Bin ich frei von solchen Lastern?« war ihnen unangenehm. Denn »Gogol entlarvt den gesamten Apparat seiner Zeit – Beamte, Gutsbesitzer, Kaufleute und Bürger – als korrupt, habgierig und dumm«[9] und beschreibt am Beispiel der kleinen Stadt, die mit großer Wahrscheinlichkeit als Allegorie auf die Hauptstadt

8 Michail Chrapčenko, *Izbrannye trudy. Nikolaj Gogol': Literaturnyj put'. Veličie pisatelja*, Moskau 1993, S. 341. (Zitate aus russischsprachigen Büchern wurden von den Herausgebern übersetzt.)

9 *Bibliothek der Meisterwerke: Schauspiel*, hrsg. von Harald Buhlan und Ralf Leppin, Köln 1994, S. 171.

St. Petersburg zu verstehen ist, die drückenden sozialen Konflikte zwischen den privilegierten Schichten und dem einfachen Volk.
- Enttäuschung, weil die Komödie so ganz anders war. Man stelle sich vor: Alle Welt (die gebildete, versteht sich) kennt die göttlichen Komödien Molières und anderer ausländischer Schriftsteller und hat sich immer köstlich über die Laster der Figuren auf der Bühne amüsiert – und da kommt so ein (noch dazu eben erst ins Licht der Literaturszene gerückter) russischer Stückeschreiber daher und will mit seiner Komödie ernst genommen werden, will nicht Laster lächerlich machen, sondern das »echte russische Leben« auf die Bühne bringen, um in seinen verkommenen Landsleuten den »wahren russischen Menschen« zu erwecken.

Nikolaj Alekseevič Gogol' wurde 1809 auf einem kleinen Gut in der Ukraine (die damals offiziell Kleinrussland hieß und zu Russland gehörte) geboren und trat um 1830 erstmals mit namhaften Veröffentlichungen auf. Die Bekanntschaft mit Vasilij Žukovskij und vor allem die mit Aleksandr Puškin gaben ihm Ansporn zum Schreiben. Gogol' war ein begabter traditioneller Erzähler und »natürlicher Romantiker«[10]. Die Themen seiner ersten volkstümlichen Erzählungen (*Abende auf dem Weiler bei Dikanka*, 1831/1832) standen folgerichtig in der Tradition der Romantik – lustige, skurrile, phantastische, tragikomische und derb-komödiantische Geschichten über kleinrussische Bauern, die Gogol' grandiosen Erfolg brachten.

Einen ersten Versuch im dramatischen Genre unternahm er ab 1832 mit der nicht beendeten Komödie *Vladimir-Orden dritter Klasse*. Diese skurrile Geschichte um einen auf einen Orden versessenen Beamten wollte ihm jedoch nicht gelingen. (Erst 1842 wurden einzelne Szenen daraus veröffentlicht.) Daraufhin bat Gogol' seinen Dichterfreund Puškin in einem Brief vom 7. Oktober 1835 um ein publikumswirksames Sujet für eine »rein russische«

10 Tore Zetterholm / Peter Quennell, *Illustrierte Geschichte der Weltliteratur*, aus dem Engl. übers. von Werner Richter unter Mitarb. von Silvia Sumser [u. a.], Köln 1991, S. 209.

Komödie. Puškin kam der Bitte mit dem Hinweis nach, dass er sich auf eine wirkliche Begebenheit bezog, von der er gehört hatte. Gogol' begann die Arbeit an der Komödie im Herbst 1835. In dieser Zeit saß er auch an seinen »Petersburger Novellen«. So ist es gewiss kein Zufall, dass der *Revisor* nicht nur durch die häufige Bezugnahme darin auf St. Petersburg mit diesen Prosaarbeiten geistig verbunden ist.

Gogol' überarbeitete das Schauspiel immer wieder (erst die sechste Redaktion kam zur Aufführung) und hatte es Ende des Jahres so weit fertiggestellt, dass er es am 18. Januar 1836 bei einem geselligen Beisammensein in Anwesenheit von Puškin, Vjazemskij und anderen Dichtern vortragen konnte. Gogol' war ein begnadeter Vorleser. Er, der wegen seiner hässlichen Haut und langen, spitzen Nase von Kind an gehänselt worden war und gelernt hatte, darauf bissig-satirisch zu reagieren, war in der Lage, die komischen Figuren seines Stücks in so unnachahmlicher Weise zu sprechen, dass seine Zuhörer mehr gelacht haben sollen als später die Zuschauer im Theater.

Aus der Uraufführung ging Gogol' trotz Beifallsbekundungen deprimiert heraus. Er war unzufrieden mit sich, mit den Schauspielern und auch mit den Zuschauern.

Die Schauspieltruppe war ratlos. Pëtr Grigor'ev, der sowohl in der Uraufführung in Petersburg als auch in Moskau auftrat, kleidete dies in die Worte, dass »der *Revisor* für sie alle ein Rätsel« sei. Den Zeitgeschmack ihrer Zuschauer, der auf das ausländische, französische Vaudeville gerichtet war, hätten sie bisher immer gut getroffen. Aber wie sollten sie nun »echt russisch« spielen?

Auch viele Zuschauer verstanden das Anliegen der Komödie nicht oder missdeuteten es. Die einen lachten lauthals über die Verwechslungskomödie und die »lustigen Regieeinfälle«. Selbst der Zar lachte – weil er über andere, nämlich über seine dummen und habgierigen Beamten lachen konnte, obwohl er durchaus erkennen ließ, dass er das Anliegen der Komödie durchschaute. Ein Schauspieler zitierte ihn mit den Worten: »Da wurde aber ganz schön an alle ausgeteilt, am meisten an mich!«[11] Andere Zuschauer interpretierten sogar eine deutliche

11 Zit. nach: Nikolaj Gogol', *Revizor. Komedii*, St. Petersburg 2008, S. 302.

antizaristische Kritik in das Stück hinein. Doch da fühlte sich Gogol' missverstanden. Seine Werke waren »gewiß keine politische Propaganda«, wurden allerdings »zu mächtigen Argumenten der Revolution«[12] und wurden deshalb von progressiven Bürgern bereitwillig vereinnahmt. Gogol' selbst übte an keiner Stelle Kritik am System der Monarchie, er war dem Zaren treu und ein gläubiger Orthodoxer. Ihm ging es um die humanistische Läuterung und gegen Ende seines Lebens, als er immer mehr in religiösen Wahn verfiel, ausschließlich um die christliche Katharsis der russischen Menschen. Das war auch der Grund, weshalb im *Revisor* weder Kirche noch Geistlichkeit in Erscheinung treten oder gar kritisiert werden. Gogol's christlicher Erziehungsanspruch tritt mehrfach indirekt zutage, zum Beispiel in solchen durchaus nicht als Floskeln zu verstehenden Äußerungen wie »ради бога« (»um Gottes willen«) und »господи, помилуй« (»Herr, erbarme dich«), die er selbst den größten Schurken in den Mund legte, oder in einer solchen Wendung wie »не по чину берешь« (so der Stadtgouverneur, S. 34), die die Bibelstelle Lukas 3,13 fast wörtlich zitiert: »Fordert nicht mehr, als euch vorgeschrieben ist!« In den 1847 herausgegebenen *Ausgewählten Stellen aus dem Briefwechsel mit Freunden* versteigt sich Gogol' sogar zu der Hoffnung, dass das Theater »als unsichtbare Stufe zum Christentum« (VIII,269)[13] dienen könne.

Unverstanden, wie sich Gogol' mit dem *Revisor* fühlte, drängte es ihn, sich bzw. die Komödie zu erklären. In einem nach eigenen Aussagen noch 1836 an Puškin gerichteten Brief bzw. dem Auszug daraus beschrieb Gogol' zunächst seine Verfassung: »… mir ist ganz traurig zumute, so seltsam.« »Meine eigene Schöpfung erschien mir widerwärtig, wild und irgendwie nicht mein«, um sogleich nach Ursachen zu suchen: »Die Hauptrolle hat versagt, so glaube ich. […] Ist es wirklich nicht aus der Rolle selbst zu erkennen, was Chlestakov darstellt? […] Er bläst sich ganz und gar nicht auf; er ist kein Lügner aus Profession; er

12 Ebd.
13 Zit. nach: Lorenzo Amberg, *Kirche, Liturgie und Frömmigkeit im Schaffen von N. V. Gogol'*, Bern 1986, S. 103.

vergisst selber, dass er lügt, und glaubt fast schon selbst, was er sagt.«[14]

An gleicher Stelle kommentiert Gogol' die die Komödie beschließende »stumme Szene«, in der ein Gendarm alle in der Schlussszene Mitwirkenden auffordert: »Приехавший по именному повелению из Петербурга чиновник требует вас сей же час к себе. Он остановился в гостинице« (»Der auf Geheiß des Zaren aus Petersburg angereiste Beamte befiehlt euch unverzüglich zu sich. Er ist im Gasthof abgestiegen«). Dieses von Gogol' aufgegriffene gestalterische Mittel ist typisch für Komödien des 17. und 18. Jahrhunderts: Im klassischen fünften Akt, der Katastrophe oder – gewöhnlich in der Komödie – dem *happy ending* oder *dénouement*, tritt eine höhere Gewalt auf und löst den Grundkonflikt. Im *Tartuffe* ist das der König, der Tartuffes Verhaftung befiehlt, in Lessings *Minna von Barnhelm* trifft ein Brief des Königs ein, bei Gogol' ist es ein bisher unbekannter und darum umso gewaltiger – und komischer – wirkender Gendarm, bei dessen Ankündigung – der echte Revisor sei eingetroffen – alle in Schreckstarre fallen.

Mit der Ausführung dieser stummen Szene war Gogol' indes höchst unzufrieden. Obwohl er sie im Text ausführlich beschrieben hatte (siehe das Ende des fünften Aufzugs), erschien sie ihm in der Aufführung viel zu wirkungslos. Sie sollte seiner Meinung nach wie ein »lebendes Bild«[15] gestaltet und, wie gefordert, anderthalb lange Minuten ausgehalten werden, eine Zeit, die den Schauspielern alles abverlangte und den Zuschauern unerträglich überdehnt erscheinen musste. Ein ganz neuartiger Kulminationspunkt, dem nichts folgte außer ... dem von Gogol' erwarteten Nachdenken der Zuschauer! Die stumme Szene stellt

14 Gogol' in seinem »Brief an einen Literaten kurz nach der Uraufführung des *Revisor*«: »Otryvok iz pis'ma, napisannogo avtorom vskore posle pervogo predstavlenija Revizora k odnomu literatoru«, in: N. G., *Polnoe sobranie sočinenij i pisem*, Bd. 4, Moskau 2003, S. 89.

15 »[...] сцена есть немая картина, а потому должна быть так же составлена, как составляются живые картины« – so Gogol' in seiner »Mitteilung an alle, die den *Revisor* wie es sich gehört spielen möchten«: »Preduvedomlenie dlja tech, kotorye poželali by sygrat' kak sleduet *Revizora*« (ebd., S. 104).

die »äußere Auflösung« des Konflikts dar, während die »innere Auflösung« im Schlussmonolog des Stadtgouverneurs gegeben wird.[16]

Gogol' sah sich in den nächsten Jahren immer wieder veranlasst, in mehreren Nachträgen zum *Revisor* das Anliegen seiner Komödie zu verdeutlichen. In den um 1846 geschriebenen Regieanweisungen warnt er davor, die Komödie als Karikatur oder Schelmenstück zu inszenieren. Selbst die geringsten Rollen dürften nicht trivial oder übertrieben gespielt werden. »Je weniger der Schauspieler daran denkt, komisch zu wirken und zu sein, desto mehr offenbart sich das Komische seiner Rolle.«[17] Gogol' wollte nicht Menschen karikieren, sondern zeigen, wie sie wirklich sind.

Für zwei beabsichtigte Neuauflagen lieferte der Autor 1846 schließlich eine endgültige, aber für viele seiner Zeitgenossen unverständliche und missbilligte Deutung der Komödie (»Развязка ›Ревизора‹«: »Die Auflösung des *Revisor*«). Sie hatte die Form eines szenischen Kommentars am Schluss des Stücks und den Umfang eines Akts (nicht in der vorliegenden Ausgabe veröffentlicht). Darin debattiert ein »Erster komischer Schauspieler« mit den anderen Schauspielerinnen und Schauspielern, die oft wie in der griechischen Komödie einen Sprecherchor bilden, sowie mit Freunden und Kritikern des Theaters. Er erläutert seinen Gesprächspartnern, dass die namenlose Stadt in seinem Stück (пьеса; damals noch – dem französischen Wort *pièce*, dem es entlehnt ist, noch näher – пиеса oder пиэса geschrieben) natürlich nirgendwo in Russland existiere, dass sie vielmehr eine »Seelenstadt« (»душевный город«) sei, also die Seele des Menschen symbolisiere. Darin stellten die Beamten und Kaufleute unsere Laster und Leidenschaften dar, während Chlestakov das leichtsinnige, käufliche Weltgewissen (»светская совесть«) sei. Erst der angekündigte und damit in die ungewisse Zukunft verlegte »echte Revisor« verkörpere das echte gute Gewissen des Menschen; in späteren Überarbeitungen der »Развязка« wurde er vom Autor sogar zum Weltenrichter stilisiert. In ihm ersehnte der

16 Michail Chrapčenko, *Tvorčestvo Gogolja*, Moskau 1959, S. 258 f.
17 Ebd.

gläubige Orthodoxe Gogol' Harmonie, Menschlichkeit und Gemeinschaftssinn – Eigenschaften, die er auch vom Staat erwartete. Vor allem mit dieser philosophischen Grundhaltung und mit der Kritik an der russischen wie auch westlichen Gesellschaft wollte sich Gogol', der Molière ungemein schätzte, von diesem durchaus abheben.

Mit zunehmender religiöser Verbrämung seiner Ideen unter dem Einfluss eines fanatischen Priesters, den er auf der Pilgerfahrt nach Palästina kennengelernt hatte, deutete Gogol', der schon länger an Schizophrenie litt, sein großes Werk immer stärker »in eine Richtung jenseits des sinnlich Erfahrbaren«[18]. Dies tat dem unschätzbaren Wert der Werke des großen Dichters allerdings keinen Abbruch.

Gogol's *Revisor* weist die klassischen Merkmale einer typischen Komödie auf. Die auf Aristoteles' Dramentheorie zurückgehenden drei Einheiten sind gegeben: die Einheit des Orts (das Stück spielt in einer Stadt und, mehr noch, in lediglich zwei Räumen – im Wirtshaus und im Haus des Stadtgouverneurs), die Einheit der Zeit (alles spielt sich in wenigen Stunden und an einem Tag ab) und die Einheit der Handlung (die Handlung entwickelt sich in sichtbarem Sinnzusammenhang vom Erwarten des Revisors über dessen Ankunft, die schmierigen Bestechungsversuche durch die Obrigkeit der Stadt bis hin zum immer rasanter vor sich gehenden Niedergang: der überstürzten Abreise Chlestakovs und schließlich der Ankündigung des »echten Revisors«). Es gibt nahezu keine Nebenstränge in diesem Schauspiel.

Zu den Besonderheiten des Gogol'schen Stücks gehört, dass die Komödie keinen glücklichen Ausgang nimmt, es sei denn, man sieht etwas Positives in der Vermeidung der Katastrophe, die ohne die Abreise Chlestakovs und die Ankündigung des »echten Revisors« gewiss gewesen wäre. Zudem gibt es in dieser Komödie keine zentrale »komische Person«, keinen Narren oder Hanswurst.

Der *Revisor* ist ein Musterbeispiel gekonnt erzeugter Komik. Alles und alle in diesem Stück sind komisch: die Verwechslungs-

18 *Bibliothek der Meisterwerke. Schauspiel* (s. Anm. 9), S. 171.

geschichte, die Situationskomik, die Verstellungskomik der Figuren, ihr Aussehen, ihr Verhalten und ihre Sprache. Sogar der Titel ist komisch! Es ist heute kaum noch nachzuvollziehen: aber dem einfachen Russen war das aus dem Polnischen oder dem Deutschen kommende Lehnwort ревизор ein Buch mit sieben Siegeln, das bereits durch sein geheimnisvolles fremdes Flair bange Ungewissheit erzeugen konnte. Diese Wirkung war umso stärker, je »›weiter weg vom Zaren« (um dieses geflügelte Wort zu benutzen) das Stück gespielt wurde. Denn das war der immense Vorteil: die Komödie konnte in ganz Russland, auch in kleinen Städten aufgeführt werden, eine Publizität, die den Prosawerken Gogol's nie zuteilwerden konnte.

Komisch waren aber natürlich insbesondere die Charaktere. Gogol' führt sie auf der ersten Seite der Komödie auf, nicht wie bei Shakespeare in alphabetischer Reihenfolge, sondern nach ihrem Rang (die Beamtenränge spielten auch im alten Russland die überragende Rolle in der Gesellschaftshierarchie). Zuerst wird der Stadtgouverneur (in verschiedenen deutschen Übersetzungen auch als »Stadthauptmann« oder »Polizeimeister« bezeichnet) mit seiner Familie aufgeführt, dann der Schulinspektor und seine Frau; ihm folgen der Richter, der Kurator der Armenanstalten, der Postmeister und zwei Gutsbesitzer; erst danach taucht der eigentliche Protagonist (oder Antagonist?) auf – Ivan Chlestakov, der für den Revisor gehaltene kleine Beamte aus Petersburg, und sein Diener. Die weiteren Figuren belegen Nebenrollen.

Bereits beim Lesen der Liste der handelnden Personen fallen die vielen komisch wirkenden sprechenden Namen auf. Gogol' hat viel Mühe darauf verwendet, die Figuren gründlich auszuarbeiten und ihnen einen passenden Namen zu geben. Dadurch bilden ihr Aussehen, ihr Verhalten, ihre Ansichten und ihre Namen ein abgerundetes Ganzes.

Die Personennamen erzeugen nicht nur oberflächliche komische Effekte (zum Beispiel durch Metaphern oder Assonanzen), sondern deuten auf die Charaktereigenschaften der Figuren hin. Schon beim Namen des vermeintlichen Revisors, Chlestakov, zeigt sich, wie der Autor an seinem Werk feilte. Ursprünglich sollte er Chlaskov heißen. Der unbekümmerte, sehr durchschnittliche junge

Lebemann gibt sich vor allem zu Beginn geradeheraus (»Mir gefällt, dass man bei euch den Durchreisenden alles in der Stadt zeigt. In anderen Städten hat man mir nichts gezeigt«; S. 74). Zum Verständnis seines Charakters trägt bei, dass sein jetziger Name noch deutlicher Assoziationen zum Adjektiv хлёсткий erweckt: flott, schnell, leichtsinnig, dahinplätschernd, Unsinn schwatzend. Erst im vierten Aufzug mimt er bewusst den, für den er gehalten wird, nutzt gewissenlos seine Chancen und lässt sich von den Kleinstädtern zur Verkörperung der großen Welt machen, mit der er sich bald geschmeichelt zu identifizieren beginnt.

Den Stadtgouverneur nennt Gogol' dramatisch überhöht Anton Antonowitsch Skvoznik-Dmuchanovskij. Vor- und Vatersname beziehen sich vielleicht nicht zufällig auf den römischen Feldherrn Marcus Antonius, schließlich nimmt diese Figur im Stück den obersten Rang in der Stadt ein. Der doppelte Familienname, per se schon für das Volk ungewöhnlich klingend, enthält die sprechenden Bestandteile сквозь (›hindurch‹: also einer, der überall »durchkommt«, gerissen und rücksichtslos ist) und – mehrere Interpretationen zulassend – дмухать (ukrainisch für ›blasen, übers Ohr hauen‹, russisch дуть) bzw. мухлевать (russisch für ›listig handeln‹). Assoziieren lässt sich etwa auch das russische продувной, ›durchtrieben‹. Die feine Komik Gogol's liegt darin, dass er diesen Menschen nicht direkt einen »Gauner« oder »durchtriebenen Menschen« nennt, sondern dies – außer in dessen Verhaltensweisen – auch im Namen nur andeutet.

Der clevere, immer auf seinen Vorteil bedachte und seine Insassen gnadenlos vernachlässigende Kurator der Armenanstalten muss von einem rosigen, schleimigen Fettwanst gespielt werden. Sein Name Zemljanika bedeutet nämlich ›Erdbeere‹, ein Wort, dass im Russland von damals weniger Vorstellungen wie ›fein‹, ›zerbrechlich‹, ›ansehnlich‹ hervorrief, sondern etwas anderes meinte: den dicken, runden, rot- und rauhhäutigen, sich der Obrigkeit stets andienenden Gauner, also »wenn schon eine Beere, dann eine ziemlich saure«.[19]

Auch der wichtigtuerische, mit seiner Bildung prahlende, aber ebenso wie die anderen Beamten habgierige und bestechliche

19 Gogol', *Polnoe sobranie sočinenij*, s. Anm. 14, S. 667.

Richter Ljapkin-Tjapkin wird durch seinen Namen bloßgestellt: bei ihm im Amt läuft alles so, wie es die Interjektion ляп-тряп (›klatsch-bums‹) vermuten lässt. Hinzu kommt das hintergründige Anklingen der Substantive ляп (hölzerner Schlegel zum Betäuben von gefangenen Fischen) und тряпка (›Lumpen‹, ›Waschlappen‹). Die Aufzählung kann fortgeführt werden mit

– dem Schulinspektor Chlopov (хлопать: schlagen, klatschen),
– dem einfältigen Postmeister Špekin, dessen Name auf ukrainisch шпек (›Spion‹) Bezug nimmt und damit, zusammen mit der möglichen Assoziation zu deutsch »Speck«, den neugierigen, jegliches Postgeheimnis missachtenden schmierigen und dicklichen Beamten charakterisiert; sowie
– dem urkomischen Gutsbesitzerpaar Bobčinskij und Dobčinskij (die wohlklingende Assonanz der ersten Silben lässt fast vergessen, dass боб außer der ohnehin lustigen Bedeutung »Bohne« auch in der Wendung бобы разводить, ›Unsinn schwätzen‹, verwendet wird und damit auf die Klatschsucht und Neugier der beiden Figuren deutlich anspielt).

Schließen wir diese kurze Übersicht über die sprechenden Namen im *Revisor* ab mit dem derben Familiennamen eines der Polizisten: Deržimorda. Er bedeutet wörtlich »halt die Schnauze«, erinnert zudem an das Wort держá (alt für держава: Macht) und macht somit überdeutlich, auf welche Weise dieser Mann die staatliche Polizeigewalt ausübt. Auch in solchen scheinbaren Nebensächlichkeiten offenbaren sich soziale Missstände (die Gogol' jedoch paradoxerweise seinen eigenen Worten zufolge nicht als Gesellschaftskritik verstanden haben wollte).

Für die Komik der Sprache Gogol's im *Revisor* ließen sich Hunderte Beispiele finden. Wir wollen uns auf einige Ausführungen zur Sprache von Osip, dem Diener Chlestakovs, beschränken. Vor allem der ungebildete, aber bauernschlaue Osip gebraucht Wörter wie кеатр statt театр (›Theater‹) oder галантерейный statt галантный (›galant‹), in denen sich seine mangelnde Schulbildung zeigt, stellvertretend für andere Unterschichten der Gesellschaft. Diese und andere Ausdrücke, zum Beispiel рожа (›Fresse‹, ›Fratze‹), черт побери (›hol's der Teufel‹), oder eine Wendung wie

»профинтил дорогою денежки« (»hat unterwegs das ganze Geld verjubelt«) klingen derb und lustig wie ehemals in Gogol's Bauernschwänken (*Abende auf dem Weiler bei Dikanka*). Zugleich sind die komischen Wortverdrehungen und das – im Beamten-Milieu ungebräuchliche und unangepasste – Vokabular eine Abweichung vom Normalen. Gerade diese Verstöße gegen die Normalität stellen ein wesentliches Merkmal von Komik dar. Ebenso wie das gegen die gesellschaftlichen Normen verstoßende Verhalten der Beamten als komisch und in der hier dargestellten Häufung als skandalös empfunden wird. Auch aus diesem Grund kann und darf es in dieser Komödie keinen »exitus felix« geben, keinen glücklichen Ausgang.

Der Revisor von Nikolaj Gogol' bildet den Höhepunkt der russischen realistischen gesellschaftskritischen Komödie und setzt Maßstäbe auch für die internationale Dramenliteratur. Die Komödie weist eine perfekte dramatische Handlung auf, bringt satirisch überzeichnete Figuren und groteske Situationen auf die Bühne und überrascht mit einer geschickten Konfliktlösung. Die spritzigen Dialoge und Möglichkeiten herzerfrischender Schauspielkunst machten das Stück unsterblich. Nicht nur in Russland selber – wo die Komödie etwa durch Vsevolod Mejerchol'd 1926 in einer spektakulären Inszenierung neu interpretiert wurde, später auch mehrere Verfilmungen erfuhr (1952, 1977, 1996) –, sondern auch in aller Welt eroberte sie Zuschauer (und Leser). Beschränken wir uns auf einige Beispiele: 1932 gab es eine deutsche Fassung des Stücks von Gustaf Gründgens (*Eine Stadt steht Kopf*); 1949 kam in den USA ein Musik-Film mit Danny Kaye nach dem Stoff unter dem Titel *The Inspector General* heraus. (Zu weiteren Verfilmungen siehe S. 163.) Auch als Oper wurde der *Revisor* vertont: 1957 von Werner Egk, 2008 von Giselher Klebe. 2001 wurde das Stück in Teheran aufgeführt, 2003 bei den Salzburger Festspielen. In den letzten Jahren gab es Inszenierungen etwa in Köln, Schwerin und Zürich (2009) sowie in Potsdam (2010).

Der Schweizer Regisseur Roger Nydegger brachte den *Revisor* auch nach Afrika. 2010 reiste er mit einer mobilen Theatertruppe in Burkina Faso über Land und inszenierte auf provisorischen Bühnen in über vierzig Dörfern ein oft überspitztes, slapstickartiges Geschehen. Das herzliche Lachen der afrikanischen Zuschauer machte deutlich, dass auch hier nicht nur die oberflächliche Komik Auslöser des Lachens war, sondern ebenso das Verständnis für die tiefere Botschaft: Gaunertum, Korruption und Dummheit auf allen Ebenen der Gesellschaft. Bestechliche Staatsdiener und betrügerische Kaufleute gibt es eben immer und überall. Eben dies verleiht Gogol's Komödie *Der Revisor* ihren nimmer trüb werdenden Glanz.

Gundela und Rainer Berthelmann

Inhalt